세계 행복 보고서 8년 연속 1위의 나라

교육 강국 명문 헬싱키 대학교 재학생들이 말하는
일상과 학교 생활

Happy 핀란드

세계 행복 보고서 8년 연속 1위의 나라
교육 강국 명문 헬싱키 대학교 재학생들이 말하는
일상과 학교 생활

Happy 핀란드

발행일 1판 1쇄 2026년 1월 20일

지은이 김정영(기획 및 편집), 올리 코끼, 아만다 은두와쿠, 아바 만니넨, 요한나 마켈라, 요한나 솜메르스-피로이넨, 노라 알랑코, 알리사 마티카이넨, 엘라 포흐요이스매키, 엔나마리 피흘라야, 네아 히르시매키, 사아나 라우카, 멜리사 칸가스니에미, 헬랴 핸니넨

펴낸이 박영호, 박민우
기획팀 송인성, 김선명, 김선호
편집팀 박우진, 김영주, 김정아, 최미라, 전혜련, 박미나
관리팀 임선희, 정철호, 김성언, 권주련

펴낸곳 (주)도서출판 하우
주소 서울시 중랑구 망우로68길 48
전화 (02)922-7090
팩스 (02)922-7092
홈페이지 http://www.hawoo.co.kr
e-mail hawoo@hawoo.co.kr
등록번호 제2016-000017호

ISBN 979-11-6748-279-2 03800

값 15,000원

세계 행복 보고서 8년 연속 1위의 나라
교육 강국 명문 헬싱키 대학교 재학생들이 말하는
일상과 학교 생활

Happy 핀란드

울리 코끼, 아만다 은두와쿠, 아바 만니넨, 요한나 마켈라,
요한나 솜메르스-피로이넨, 노라 알랑코, 알리사 마티카이넨,
엘라 포흐요이스매키, 엔나마리 피흘라야, 네아 히르시매키,
사아나 라우카, 멜리사 칸가스니에미, 헬랴 핸니넨

기획 및 편집 • 김정영

머리말

한국어 교육에 종사한 지 어느덧 30년의 세월이 흘렀다. 1995년 영국의 뉴캐슬 대학교에서 본업으로 첫발을 내디딜 당시만 해도 외국어 학과들이 상당한 인기를 누리고 있었지만 한국어에 관심을 가지는 학생들은 매우 드물었다. 2001년 헬싱키로 이직했을 때도 마찬가지 상황이었다. 외국어로 의사소통을 하려면 그 언어를 열심히 연마해야만 하는 시대였으나 한국어에 대한 수요가 미미했던 탓일 것이다. 아무튼 그때는 외국어를 제대로 배워 놓지 못하면 꿀 먹은 벙어리가 되거나 눈뜬 장님이 될 수밖에 없었다. 시대가 변했다고 해서 외국어 학습 방법이 과학 기술의 발전처럼 크게 변한 것은 없어 보인다. 그러나 그동안 한국어를 배우고자 하는 학생 수가 기하급수적으로 늘었고, 외국어로 의사소통을 하는 방식에는 획기적인 변화가 생겼다.

이제 인간 통번역가가 없어도 인터넷 상의 기계 번역을 통해 전혀 배우지 않은 외국어로도 의사소통이 가능한 세상이 되었다. 인공지능 AI가 모국어든 외국어든 글쓰기의 문법과 오탈자를 교정해 주는 것이 지극히 당연한 삶의 일부가 되었을 뿐 아니라, 언제 어디서나 어떠한 주제로든 학습자의 수준에 맞춰 대화가 가능한 챗 GPT는 외국어 학습의 새로운 장을 열었다. AI는 심지어 모든 장르의 글을 원하는 언어로 창작해 주는 서비스까지 제공한다.

30년 전에는 상상도 할 수 없었던 이런 문명의 발전을 보면서 한국어교육의 미래를 짐작해 보지 않을 수 없다. 인간의 의사소통에 장애가 되는 언어 장벽을 극복하기 위한 과학 기술 문명은 앞으로 더욱 빠른 속도로 발전해 나갈 것이다. 그렇다면 한국어 학습이 인공 지능의 과학 기술과 어떻게 공존할 수 있을지 적극적으로 모색해야 할 필요가 있다. 그리고 한국어 교육에 있어 AI나 챗 GPT의 한계가 무엇인지 파악하고 그 부족한 면을 전문가가 보완하여 학습자들이 올바른 방향으로 학습해 나아갈 수 있도록 제시하여야 할 것이다. 이렇게 학생들은 편의에 기대어 외국어 학습을 게을리하고 기계 번역에 의존하기보다 진보된 문명에 힘입어 더욱 즐겁고 용이하게 외국어를 익힐 수 있어야 한다.

'Happy 핀란드'는 이러한 취지에서 진행된 학생들의 글쓰기 모음집이다. 학생들이 기고문을 작성하면서 기계 번역의 한계를 직접 체험하는 계기를 마련하고자 하였다. 본서에 수록된 모든 글의 원본은 핀란드어 또는 영어로 쓰였다. 각각의 학생이 직접 인터넷의 번역기를 사용해 한국어로 옮긴 것을 기획자가 오역을 원본과 대조하여 재번역하고, 문법을 다듬고, 어색한 어휘를 적절하게 수정하는 등의 교정을 하였다. 기고문의 내용이 교정 과정 중에 달라지지 않도록 기고자에게 핀란드어 또는 영어로 역으로 번역하여 확인하도록 하였다. 이 과정을 서너 차례 반복하여 완성본에 이르렀다. 또한 기고자와 장시간의 일대일 면담을 통해 의미가 불분명한 번역 부분을 하나하나 짚어서 명확히 하고 글쓴이의 의도가 사회 구조와 문화의 장벽을 넘어 정확하게 전달되도록 최선을 다하였다. 이상의 1차 교정 작업을 하고, 이어서 출판사 하우와 함께 전문적인 교정 및 편집을 하였다. 본 도서는 사실상 시중에 내놓는 완결품이라기보다 현 시대에 한국어교육이 직면한 도전을 어떻게 대처할지에 대한 모색의 시도이다. 그럼에도 불구하고 출판을 마다하지 않으신 대표님과 학생들의 개별 기고문을 책으로 보기 좋게 엮어 주신 편집팀의 아낌없는 노고에 진심으로 깊은 감사를 드린다.

본서 작업을 통해 모색한 시도의 결론은 다소 복잡한 장문의 글을 기계 번역에만 의존하여 의사 전달하는 것은 지대한 한계가 있는 것으로 나타났다. 위에 언급한 교정 과정을 거치고도 한국어로 적절한 단어를 찾지 못해 핀란드어를 한글로 옮기는 데 그치거나 그나마 원어 그대로 남겨둔 부분도 적지 않다. 날을 거듭하며 인공지능은 눈부시게 발전할 것으로 기대되지만 언어의 구조적 차이와 문화적 이해 부족으로 야기되는 문제점을 어떻게 해결할지 몹시 궁금하다. 과연 빠른 시일 내에 인간 사고의 도움 없이 번역기만으로 개인의 생각을 온전히 전할 수 있는 시대가 올지 자문해 본다.

모쪼록 핀란드 헬싱키 대학교에 재학하는 한국어 학습자와 번역기의 합작품인 'Happy 핀란드'가 독자들에게 즐거움을 선사하는 도서가 되길 소망한다.

2025년 12월 1일 헬싱키에서

김정영

차례

핀란드의 대학 생활

핀란드의 교육 문화

삶을 배우는 유아교육

2장 가족을 품은 사회, 사회를 품은 개인

3장 늘 곁에 있는 자연

4장 언어와 축제가 이어주는 공동체

5장 자유를 향한 발걸음

6장 행복 너머, 만족이라는 이름

숲은 아이들의
교실이 되고,
햇살은 배움의
길을 밝힌다.

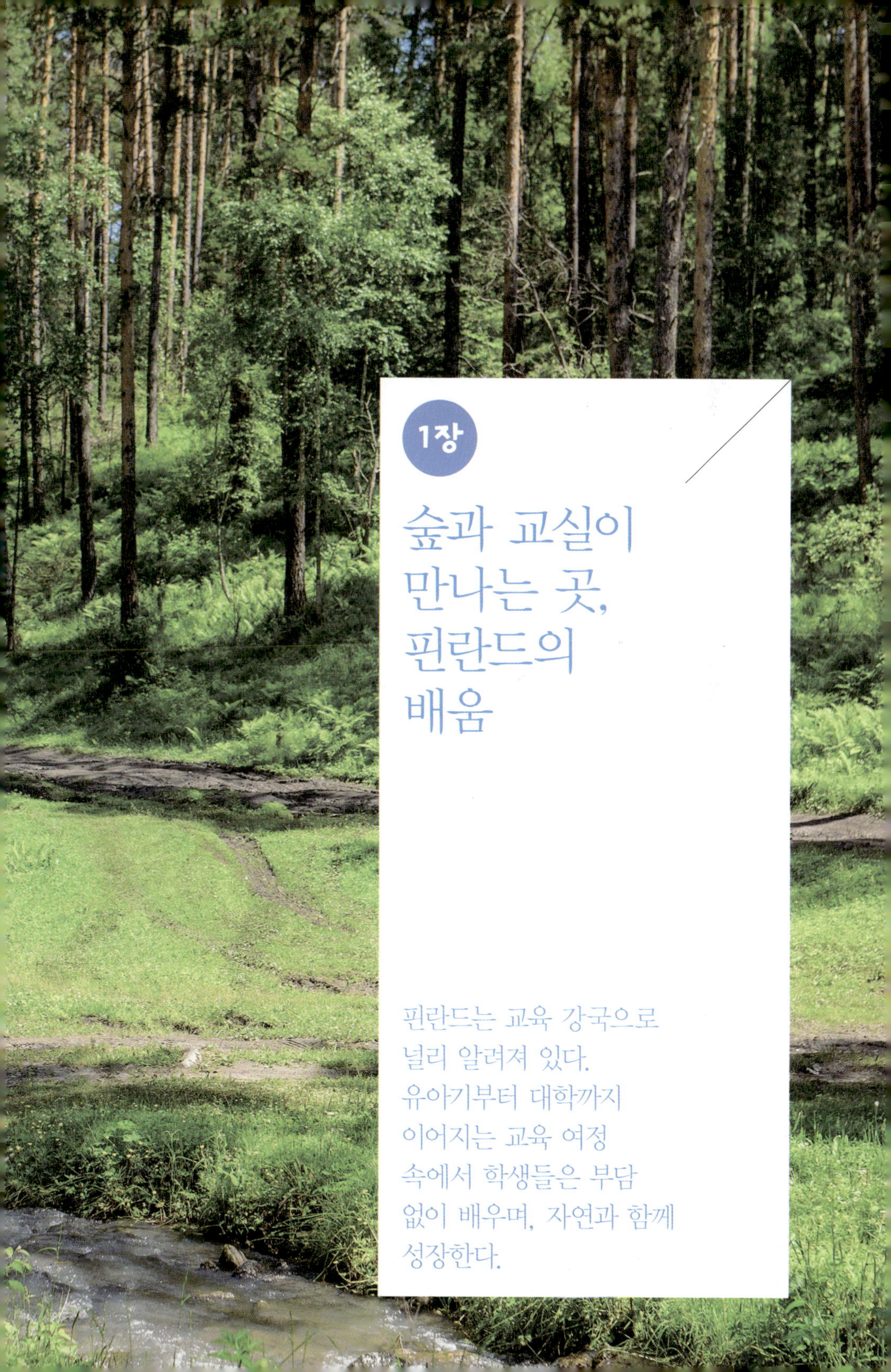

1장

숲과 교실이 만나는 곳, 핀란드의 배움

핀란드는 교육 강국으로
널리 알려져 있다.
유아기부터 대학까지
이어지는 교육 여정
속에서 학생들은 부담
없이 배우며, 자연과 함께
성장한다.

행복한 학생

올리 코끼 _ Olli Kokki

핀란드 기초 교육은
9년제이며 초등학교와 중학교의
두 과정으로 구성되어 있다.

핀란드 학교와 그 시스템은 전 세계적으로 최고로 알려져 있다. 사람들은 핀란드 학교 시스템이 지적이고 비판적 사고력이 뛰어나며 행복한 학생을 양성하는 데 있어 타의 추종을 불허한다고 말한다. 이처럼 핀란드의 교육 제도는 그 국민들이 세계에서 가장 행복하다고 기여하는 여러 가지 요소 중 하나이다. 나는 작은 마을 출신의 청년으로서 매우 일반적인 핀란드 초중등학교에 다녔고, 핀란드 학교 세계를 온전히 경험했다. 그래서 핀란드 학교가 정말 그토록 칭찬받을 만큼 평등에 기반한 고품질 교육이라고 자처할 수 있는지 살펴 보고자 한다.

핀란드 기초 교육은 9년제이며 초등학교와 중학교의 두 과정으로 구성되어 있다. 핀란드 어린이들은 7세에서 13세까지 초등학교에서 6년을 보낸 후 13세에서 16세까지 3년제 중학교로 진학한다. 초등학교에 입학하기 1년 전에 어린이들이 유치원에 다니는 것은 매우 일반적이며, 그곳에서 협동심과 알파벳과 같은 가장 중요한 기본 지식을 배운다. 유아교육도 널리 보급되어 있다. 나도 어린이집을 시작으로 해서 유치원에 다녔고, 이어서 7살 때 초등학교에 입학했다.

초등학교 1학년생들이 가장 먼저 배우는 것은 읽고 쓰는 법이다. 1학년과 2학년 과정은 모든 어린이가 핀란드어로 올바르게 읽고 쓰는 법을 배우도록 하는 데 중점을 둔다. 이 과정에서 읽고 쓰기를 배우는 데 어려움을 겪을 경우, 3학년으로 진급할 수 없고 나이가 어린 학생들과 함께 같은 학년을 반복해 다녀야 한다. 초등학교에서는 일반 상식, 기초 수학, 바람직한 일상 생활 습관과 같은 기본적인 지식을 가르친다. 또한 학교에서는 모든 학생들에게 건강한 식습관뿐 아니라 핀란드의 식사 예절에 대해서도 가르친다. 핀란드에서는 아이들이 특정 분야에만 편향되지 않도록 초등학교 1학년부터 다양한 과목을 가르친다. 그렇게 함으로써 모든 아이들이 동등하게 인생을 시작할 수 있게 해 준다. 다양한 과목을 배우는 것은 학생들이 자신의 관심사를 찾는 데에 도움이 된다. 초등학교에서는 공통 과목으로 핀란드어와 문학, 수학, 환경(생물, 화학, 물리, 지리 및 건강 교육 등), 종교 또는 도덕(학생의 선호에 따라 선택), 역사 및 사회, 체육, 음악, 미술 및 공예(기술 및 가사)를 가르친다. 중학교로 진학해도 동일한 과목을 계속 다루지만 더 심도 있게 배운다. 환경은 지리, 생물, 화학 및 물리와 같은 세부 과목으로 나뉘고 유럽사, 전쟁 및 민주주의와 같이 새로운 과목이 역사 및 사회에 포함된다. 중학교로 진학하면 이에 더하여 학생 상담 및 가정 등이 포함된다. 일주일에 한 시간 배정되는 학생 상담 수업 시간을 통해 학생들은 삶에서 취할 수 있는 다양한 진로에 대해 배우고 자신의 관심사를 찾도록 독려된다. 일주일 동안의 현장 실습 기간도 이 수업의 일부로 진행된다. 가정 수업에서는 설거지를 비롯해 세탁 및 요리에 이르기까지 집안 일과 관련된 모든 것을 배

초등학교 Harjunpään koulu

운다. 그 예로 학생들은 학교에서 함께 요리 실습을 하고 전 세계의 다양한 요리와 음식에 대해 배운다. 중학교에서는 종종 외국어, 사진, 영상 예술 등과 같은 여러 선택 과목도 제공된다. 심화 수업 선택은 일반 과목 시간표에 영향을 미칠 수 있다. 핀란드 중학교에서는 다양한 심화 수업이 제공되고 있다. 예를 들어, 외국어, 수학, 생물 또는 음악에 집중하는 과정이 있다. 이러한 심화 수업에서 학생들은 일반 커리큘럼 외에 특정 심화 과목의 추가 교과 과정을 공부한다.

핀란드의 기초 교육은 끊임없이 변화하고 있으며 시대에 맞게 조정되고 있다. 내가 초등학교에 다닐 때와 달리 영어는 이제 1학년부터 배우는 과목이 되었다. 나는 3학년 때 영어를 시작했다. 핀란드어와 함께 핀란드의 국어 또는 공식 언어인 스웨덴어는 최근 들어 7학년이 아닌 5학년부터 배운다. 디지털화와 기술 개발도 최근 몇 년 동안 초등학교에 많은 변화를 가져왔다. 요즘 초등학교는 학생들에게 개별 노트북 컴퓨터를 제공한다. 아이들은 컴퓨터를 통해 IT 기술 외에도 미디어 리터러시 역량을 키운다. 그러나 핀란드 초중등학교에서는 디지털화에 대한 찬성과 반대 양측에서 사회적 논쟁이 아직도 격렬하게 진행 중이다.

초등학교

나는 학생이 100명 정도밖에 안 되는 작은 초등학교에 다녔다. 그 당시 초등학교의 전형적인 학교 수업은 오전 8시 15분이나 오전 9시 15분에 시작해서 오후 1시 15분이나 2시 15분에 끝났다. 한 시간의 수업은 45분 동안 진행되었고, 쉬는 시간에는 반드시 실외로 나가야 했다. 그래서 쉬는 시간을 항상 학교 운동장에서 보냈다. 쉬는 시간은 외부 기온이 영하 15℃ 이하일 때만 실내에서 보낼 수 있었다. 쉬는 시간에는 친구들과 축구도 하고 그네도 타고 다양한 운동장 게임도 하고 담소도 나누었다. 점심시간은 45분이었다. 점심 시간에는 식사를 마치고 밖으로 나가 휴식 시간을 가졌다. 수업은 항상 같은 교실에서 진행되었고, 선생님이 가르치는 과목에 따라 바뀌었다. 그러나 대부분의 기본 과목은 우리 반을 책임지는 담임 선생님 한 분이 가르쳤다.

초등학교는 하루 수업이 별로 많지 않았기 때문에 1~2학년 때는 학교를 마치면 '방과 후 돌봄 서비스'에 다녔다. 그날 숙제를 하고 나서 게임도 하고 이것저것 만들기 활동도 하고 밖에 나가서 놀았다. 오후 4시 30분경에 방과 후 돌봄 서비스에서 집에 돌아온 후 저녁 내내 집에서 자유시간을 보냈다. 나는 3학년 때부터 방과 후 돌봄 서비스에 가는 대신 숙제만 하면 학교가 끝난 후 무엇을 할지 스스로 결정할 수 있었다. 그래서 3학년 때부터 학교에서 주관하는 방과 후 특별 활동에 가끔 참여했다. 밴드 반에서는 함께 모여 악기를 연주하면서 노래했고, 코딩 반에서는 코딩의 기본을 배웠고, 공놀이 반에서는 플로어볼을 했다. 참여는 자발적이었고 누구에게나 무료로 제공되었다. 내가 가장 좋아했던 특별 활동은 밴드 반이었는데, 우리 학급 친구들과 다양한 악기로 노래를 연주했다. 나중에 학교 크리스마스 행사와 재능 경연 대회에서 연습한 노래를 부르기도 했다.

우리 학교는 정규 학교 수업 외에도 종종 외부 활동을 나가거나 갖가지 테마의 날을 정해 행사를 했다. 예를 들어, 매년 가을에는 근처 숲으로 나가서 링곤베리를 땄다.

링곤베리

겨울에는 평지에서 즐기는 크로스컨트리 스키를 타고 근처 스키 리조트에서 언덕을 내려가는 일반 스키와 스노보드도 탔다.

13살 때 스노보드를 타는 모습

매년 봄이 되면 자전거를 타고 근처 도시에 갔는데, 그곳에서 극장이나 박물관을 방문했다. 초등학교 마지막 학년에는 같은 반끼리 좀 더 길게 외부 활동의 시간을 갖는 것이 관례였다. 우리 반은 며칠 동안 시골로 캠핑을 갔다. 그곳에서 나는 반 친구들과 숲과 들판을 가로질러 걸으며 즐거운 시간을 보냈다.

초등학교에는 학생회도 있다. 학생회는 실제 정부 기관처럼 작동하는데 학생과 관련된 여러 가지 사안들을 결정하기 위해 회의를 한다. 학생회 위원은 투표로 선출되며 학교 결정에 영향을 미치고 '피자의 날' 또는 '영화의 밤'과 같은 재미있는 이벤트를 조직한다. 학생회의 기능 방식은 핀란드의 실제 정치가 어떻게 작동하는지에 기반을 두고 있기 때문에 학생들이 정치, 의사 결정, 민주주의 및 협력에 대해 배울 수 있는 좋은 기회이다.

중학교

100명가량의 학생이 다니는 작은 초등학교에서 500명가량의 학생이 다니는 중학교로 진학하는 것은 나에게 큰 변화였다. 중학교에서는 학교에 머무는 시간이 길어졌다. 보통 오전 8시에 등교를 해서 오후 3시나 4시까지 수업을 했다. 내가 다니던 중학교는 집에서 약 12km 떨어져 있었기 때문에 버스를 타고 학교에 갔다. 등교하는 시간이 버스로 약 15분가량 되었는데 초등학교 때는 집에서 학교까지의 거리가 불과 300m밖에 안 되었기 때문에 상당히 큰 변화였다. 학생 수가 많아서 학급 규모도 커졌고 각 학년에 최대 일곱 개의 반이 있었다. 중학교에서는 수업 담당이 담임 교사에서 교과 교사로 완전히 바뀌어 각 과목

중학교 Ulvilan yhteiskoulu

은 교과 교사가 가르친다. 그리고 한 교실에 학생들이 모여 있는 것이 아니라 교실을 옮겨 다니며 수업을 듣는다. 중학교 학생들은 이제 더 이상 어린이가 아니기 때문에 초등학교에 다닐 때보다 여러모로 성숙하게 행동할 것이라 기대를 받게 된다. 즉, 개인 학습에 대한 책임이 커지면서 자유도 많아진다. 예를 들자면, 초등학교에서 스마트폰을 완전히 금지해야 하는지에 관련해서는 정부 차원에서 현재 논의 중에 있다. 그러나 중학교에서는 쉬는 시간에 휴대전화를 사용하는 것이 금지되지 않는다.

초등학교 때와 마찬가지로 우리는 많은 외부 활동을 나갔고 '스포츠의 날' 또는 '학생 복지의 날'과 같이 일부 테마를 정하는 날 행사도 있었다. 그러나 학생 수가 많기 때문에 그러한 비정상적인 날은 비교적 드물었다. 우리 중학교에서는 두 개의 특별 과정이 있었다. 음악에 초점을 맞춘 과정과 외국어에 초점을 맞춘 과정이었다. 외국어 과정의 학생들은 심화 교과 과정에 따라 프랑스어나 스페인어를 공부했는데 이 학생들은 이미 초등학교 때부터 그 언어들을 공부해 왔었다. 음악에 초점을 맞춘 과정의 경우는 음악적 재능이 있는 학생들이 입학 시험을 거쳐 이 과정에 입학했다. 다른 학생들과 비교했을 때, 음악 과정의 학생들은 추가 음악 수업 때문에 학교에 머무는 시간이 더 길었다.

초중등 교육 과정은 '9학년 댄스' 행사로 9학년에 마무리되고, 그 후 학생들은 일반 고등학교나 직업 학교로 진학한다. 그렇지 못하는 경우의 학생은 뚜바(TUVA)라고 하는 교육 과정을 통해 다음 단계의 학교로 진학할 수 있는 자격을 갖추게 된다.

2022년에 생긴 뚜바는 10학년 과정을 대신한다. 뚜바가 생기기 전에는 9학년을 마친 직후 졸업하지 못한 학생들의 경우 유급하여 다시 9학년을 다니듯 10학년에서 공부해야 했다. 하지만 이제는 10학년이 아닌 뚜바 과정을 통해 진학 준비를 할 수 있다. 내가 중학교에 다니던 시절에는 의무 교육이 정확히 9학년까지였고, 그 후에는 무엇이든 원하는 것을 할 수 있었다. 하지만 지금은 어떤 형태든 18세까지 의무적으로 학교에서 교육을 받아야 한다.

핀란드 초중등학교의 여러 과목 중에서 가장 역동적이라고 생각했던 과목은 체육이었다. 날씨가 춥지 않은 계절에는 주로 야구 또는 축구 같은 단체 스포츠를 하거나, 조깅을 하거나, 오리엔티어링을 했다. 겨울에는 밖에서 스케이트나 스키를 탔고, 실내에서는 배구, 코끼리 축구, 체조, 댄스, 외줄 오르기 등 모든 종류의 스포츠를 시도했다. 체육시간은 활동이 정말 다양하고 재미있었다. 체육시간에 배워야 할 의무 종목에는 수영 수업도 포함되어 있어서 수영 실력을 여러 번 테스트 받아야 했다. 중학교에서는 수영 수업 때 물에 빠진 사람을 구조하는 방법과 옷을 입고 물에 빠졌을 때 생존하는 방법을 배웠다.

핀란드 헌법은 안전한 학습 환경에 대한 권리를 보장하고 있는데, 이는 모든 학생에게 학습을 촉진하고 학교에서 안전한 학습 환경을 보장해야 함을 의미한다. 따라서 왕따나 괴롭힘과 같은 행동은 모든 학교에서 절대적으로 금지된다. 학교는 이에 대한 법률의 단점을 보완하기 위해 노력하고 있지만 왕따나 괴롭힘을 완전히 없애는 것은 불가능하다. 그러나 이를 방지하는 제도는 근본적으로 왕따나 괴롭힘을 당하는 학생들의 복지를 지원하는 한 방편이기도 하다. 그리고 이는 핀란드는 물론 전 세계 청소년들의 심신을 위한 건강에 대한 우려가 커지면서 우선순위로 여겨지고 있다.

전 세계적인 현상이 그러하듯 핀란드도 예외없이 전국적으로 점점 도시화되고 있다. 즉, 핀란드 전역의 작은 마을에 있는 소규모 학교가 문을 닫고 대규모 학교에 통합되고 있다. 하지만 소규모 학교는 마을 공동체의 삶과 어린이의 복지에 큰 영향을

미친다. 나는 개인적으로 학급 규모가 작을수록 학습이 촉진되고 배제와 외로움이 줄어든다고 생각한다. 결론적으로 핀란드의 포괄적 학교 시스템은 분명히 어려움 없이 존재하지 않지만, 궁극적으로 잘 작동하는 시스템이며 진정으로 지적인 미래 시민들을 핀란드 사회로 배출한다고 믿는다.

나의 학교 생활

아만다 은두와쿠 _ Amanda Nduwuaku

핀란드에서 일반 고등학교는 핀란드어로 '루끼오(lukio)'라고 하는데 10학년부터 12학년까지의 교육과정이지만 학년의 개념이 없는 3년 과정으로 구성된다.

내가 학창 시절을 보내던 시기의 의무 교육은 초등학교 1~6학년과 중학교 7~9학년으로 구성되어 있었다. 그리고 내가 고등학교를 졸업할 때까지만 해도 10~12학년 과정의 일반 고등학교나 혹은 직업 학교로 진학하든지 아니면 9년의 교육과정 후 완전히 학업을 종료하든지 하는 것은 개인의 선택 사항이었다. 그러나 이제는 고등학교나 직업 학교로 진학하여 18세가 될 때까지 교육을 받는 것이 의무이다. 나는 독자들에게 핀란드 학교에서 수행하는 학업보다는 1학년부터 12학년까지 각 학년마다 마음껏 즐겼던 방과 후 활동과 갖가지 행사들을 소개하고 싶다.

공부에 부담을 느끼지 않는 학교 생활

핀란드 학교는 한 학년이 8월에 시작해서 5월 말이나 6월 초에 끝난다. 초등학교는 일반적으로 7살이 되는 해에 입학한다. 때로는 한 살 일찍 또는 한 살 늦게 입학할 수도 있다. 내가 다니던 초등학교는 핀란드어로 '꿈미오삘라스(kummioppilas)'라고 불리는 선배 도우미 학생 제도가 있었다. 도우미 선배들은 우리 학교의 6학년 학생들이었고, 신입생들이 학교 생활에 적응하는 데 도움을 주는 역할을 했다. 쉬는 시간에 우리와 함께 놀아 주고 도움이 필요하면 학교 과제를 도와주었다. 기본적으로는 1학년생 한 명에 6학년생 한 명을 도우미로 짝 지어 주었지만, 각 학급의 규모에 따라 때때로 두 명의 1학년생이 한 명의 6학년생과 함께 하거나, 한 명의 1학년생이 두 명의 6학년생과 함께 하기도 했다. 꿈미오삘라스 제도는 6학년의 필수 과정이었으며, 꿈미오삘라스 활동은 6학년의 시간표에 포함되어 있었다. 나는 선배 도우미가 큰 언니처럼 느껴졌다. 그 선배 도우미는 내가 1학년 과정을 지내는 동안 크리스마스와 생일 선물까지 챙겨 주었다. 방과 후 활동에 가입할 수 있는 기회가 있었는데, 1학년과 2학년 학생들은 학교 수업이 끝난 후에 갈 수 있었다. 방과 후 활동은 직장에 다니는 학부모들을 위해 아이들이 외부에서 초청된 지도 강사와 함께 시간을 보낼 수 있는 공간을 제공했다. 그곳에서 숙제를 하거나 친구들과 놀면서 시간을 보낼 수 있었다. 방과 후 활동을 지도하는 강사들은 헬싱키시에서 제공하는 청소년 지도 교사들로, 방과 후 활동을 지도하는 역할을 했다. 일부 활동은 특정 학교에만 제공되지만, 다른 학교의 아이들도 모두 참여할 수 있는 활동도 있다. 청소년 지도 교사들은 학교의 정식 교사가 아니지만, 교육과 교습에 대한 직업적인 자격을 갖추고 있다. 방과 후 활동은 항상 내 하루 일과 중 하이라이트였다. 다양한 종류의 게임과 놀이를 지도해 주는 외부 강사들을 좋아했기 때문이다. 1학년 때였는데 친구들 중 일부가 걸스카우트와 보이스카우트 활동에 참여했기 때문에 나도 직접 해보고 싶었다. 그래서 나는 요리, 식물 기르기 및 여러 생존 기술을 배우는 걸스카우트 그룹에 참여했다. 하지만 곧 자연과 함께하는 것이 내가 좋아하는 활동이 아니라는 것을 깨닫고 걸스카우트를 그만두었다.

2학년부터 9학년까지는 내내 도우미 선배가 없었다. 그래서 방과 후에 늘 밖에서 친구들과 놀거나 친구 집에 가서 시간을 보냈다. 가끔은 숙제를 먼저 하기도 했지만 대부분의 경우 다 놀고 나서 귀가 직전에 했다. 학교 근처에는 공원이 많아서 날씨가 좋으면 학교 아이들이 그곳에서 많은 시간을 보내곤 했다. 방과 후 활동은 1학년과 2학년을 위한 서비스였다. 3학년부터 6학년까지는 청소년 센터에 가서 다양한 게임도 하고, 요리도 하고, 친구들과 다른 활동도 하며 시간을 보낼 수 있었다.

초등학교 생활 중 가장 고대되는 행사들은 4학년 때 몰려

핀란디아 홀 'Finlandia-talo', Wikimedia 퍼블릭 도메인

있었다. 매년 독립기념일을 즈음하여 헬싱키의 시장이 헬싱키 내 초등학교에 다니는 4학년 학생들을 위한 행사를 핀란디아 홀에서 주최했다. 핀란드에서는 대통령이 독립기념일을 축하하기 위해 대통령궁으로 손님을 초대하여 '린난유흘랏(linnanjuhlat)'이라는 리셉션을 베푸는 것이 전통이다. '4학년 댄스'라는 연중 행사는 초등학생들이 대통령의 린난유흘랏과 비슷한 느낌으로 헬싱키 시장과 함께 독립기념일을 축하할 수 있는 기회를 제공한다. 린난유흘랏은 대통령이 독립기념일을 기념하기 위해 각국의 대사들을 비롯하여 핀란드 사회 각계각층의 인사들을 대통령궁으로 초대하여 파티를 여는 행사이다. 대부분의 핀란드 국민이 매년 텔레비전을 통해 이 행사를 시청한다. 4학년 무도회는 일반적으로 실제 린난유흘랏과 같은 주에 열린다. 나는 학교에서 먼저 다양한 춤을 좀 배운 후 부모님께 선보여 드리고 핀란디아 홀에 가서 다른 4학년 학생들과 함께 모여서 연습했던 춤을 다시 췄다. 모두가 최선을 다해 옷을 멋지게 차려 입고 왔고

2009년, 학교에서 부모님을 위해
'4학년 댄스'를 공연한 후

다들 즐거운 하루를 보냈다.

5학년 때 우리는 6학년이 되면 가게 될 수학여행을 위해 돈을 모으기 시작했다. 매년 5학년 학생들은 부모님이 제빵을 도와주고 학생들이 판매를 담당하는 작은 카페를 운영했다. 그 카페는 거의 일 년 내내 문을 열었는데 그 덕분에 친구들과 함께 오후와 저녁 시간을 재미있게 보냈다.

6학년이 되자 나도 신입생을 돕는 선배 도우미가 되었다. 1학년 학생들과 쉬는 시간을 보내고 점심을 같이 먹기도 했다. 신입생들을 위한 게임과 놀이도 직접 계획했다. 또한 5학년 때 카페를 운영하며 여비를 모금했던 수학여행도 드디어 떠나게 되었다. 하지만 나는 몸이 아파서 현지체험학습에 참여하지 못해 조금 아쉬웠다.

매년 우리 학교는 '성탄절 축제(joulujuhla)'라는 크리스마스 파티와 '봄축제(kevätjuhla)'라는 학년말 축제를 개최했다. 두 행사 모두 각 학년이 춤, 음악, 연기 등 다양한 공연을 했다. 학년말 축제인 봄축제 중에는 1학년 후배들이 중학교로 진학하는 6학년 선배들에게 작별 선물로 꽃을 선사했다.

나의 초등학교 시절을 돌이켜보건대 공부에 전혀 부담을 느낄 필요가 없었다. 시험을 위해 공부하지는 않았지만 그래도 성적은 항상 좋았다. 담임 선생님은 수업 중간에 밖에 나가서 놀거나 악기를 연주하기로 결정하시기도 했다. 주로 교실에 갇혀 있는 학생들이 공부에 집중할 수 없을 때 그렇게 하셨다. 선생님들은 우리 학생들이 수업을 중단하고 놀면서 에너지를 발산

해야 할 때를 알고 계셨다. 그 덕분에 학교 분위기가 훨씬 더 즐겁게 느껴졌다.

미래를 위한 준비

중학교 7~9학년은 다니던 초등학교 근처에 있었다. 새로 다니기 시작한 학교는 중학교와 고등학교 과정을 합하여 7~12학년으로 구성되어 있었고, 교사들은 두 학교에서 모두 가르쳤다. 중학교에서도 '꿈미오삘라스'와 비슷한 제도가 있었는데 선배 도우미 역할을 하는 9학년생들을 '뚜끼오삘라스(tukioppilas)'라고 불렀다. 도우미 학생이 되는 것이 9학년생 전원에게 의무는 아니었고, 7학년 한 반당 네 명의 도우미 학생이 있었다. 우리 학교는 각 학년마다 네 개의 교실이 있었으며, 각 반은 7A, 7B, 7C, 7D 등으로 명명되었다. 도우미 학생이 되고자 하는 학생들은 8학년에 지원서를 제출하고, 교사와 도우미 활동을 하고 있는 학생들이 진행하는 면접을 거쳐야 했다. 그렇게 교사와 활동 중인 도우미 학생들이 다음 해의 도우미 학생들을 선정했다.

7학년생들은 9학년생으로부터 도움을 받았는데, 선배들은 신입생 후배들이 참여해서 친구를 사귈 수 있는 활동을 조직했다. 중학교 과정은 TET(työelämään tutustuminen)라는 직업 실습 프로그램이 포함되어 있었다. 그래서 나는 7학년에 하루를 정하여 TET 활동으로 학교 주방에서 음식을 준비하고, 테이블을 치우며, 깨끗한 접시를 제자리로 옮기는 일을 도왔다. 8학년 때는 TET 기간이 일주일 동안 지속되었고, 학생들이 직접 체험 학습 장소를 찾아야 했다. 나는 초등학교에서 실습을 하기로 결정했기 때문에 1학년과 2학년의 보조 교사 역할을 했다. 9학년 TET 기간은 2주였는데, 백화점에서 일하기로 결정했다. 그 TET 기간은 학교 학업에 긍정적인 변화를 주었고, 학생들이 직장 생활에 대해 더 많이 이해할 수 있는 소중한 직장 체험을 제공했다.

9학년 때도 수학여행을 갔는데 이번에는 동참할 수 있었다. 부오까띠(Vuokatti)라는 곳에 가서 4박 5일을 지냈다. 부오까띠에서는 스키와 스노우슈잉을 즐길 수 있었다. 우리는 또한 허스키 썰매 타기를 시도할 기회를 가졌다. 선생님들이 수업을 위해 계

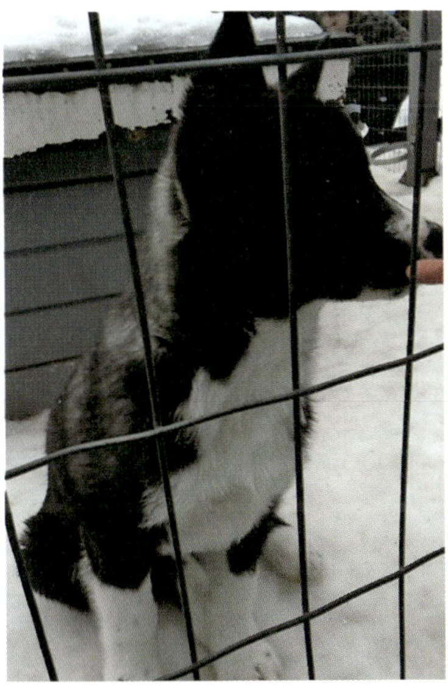

허스키 강아지
© Amanda Nduwuaku

허스키들의 썰매 출발 준비
© Amanda Nduwuaku

획한 활동도 있었지만, 학생들이 스스로 탐험할 수 있는 자유시간도 가졌다. 우리는 케이크, 쿠키, 빵 등을 만들어 팔고 부모님이 보태 주신 지원금으로 수학여행에 필요한 경비를 모았다. 나를 비롯해 대부분의 학생들은 가정 수업시간에 배운 베이킹과 요리 기술을 발휘해 베이커리 제품을 만들어서 수학여행 경비 모금 활동에 참여했다.

9학년 때 우리는 미래에 대해 생각하기 시작했고 동시에 일반 고등학교나 직업 학교에 지원하는 시기를 맞이했다. 최종 내신 성적에 따라 지원 학교로의 진학 여부가 결정되었다. 학생들은 9학년의 내신 성적에 맞춰 선택한 고등학교에 입학할 수 있다. 응시하는 학교의 내신 성적 기준은 그 같은 해에 마지막 순위로 합격한 학생의 점수가 된다. 예를 들어, 내가 합격한 학교는 그 해에 81명의 학생을 선발했는데, 가장 낮은 내신 성적이 10점 만점에 9.17로 마지막 81번째였다. 다음 해에는 9.25로 상승하였으며, 매년 변동이 있을 수밖에 없다. 일반적으로 특정 학교가 다른 학교보다 인기가 높기 때문에 원하는 학교에 필요한 내신 성적이 어느 정도인지 예측할 수 있다. 나의 제1 선택은 다니던 중학교와 같은 곳에 있는 고등학교였는데, 이 고등학교가 높은 내신 성적을 요구했기 때문에 연말까지 성적을 올려야 했다. 다행히도 나는 내신 성적 9.4로 목표 이상을 도달하여 제1 순위로 지원했던 고등학교에 진학할 수 있었다.

고등학교 졸업 시험을 위하여

핀란드에서 일반 고등학교는 핀란드어로 '루끼오(lukio)'라고 하는데 10학년부터 12학년까지의 교육과정이지만 학년의 개념이 없는 3년 과정으로 구성된다. 학년이라는 표현이 1년차, 2년차, 그리고 3년차로 바뀌는 것은 한 해 동안 같이 수업을 받는 반이 존재하지 않는다는 의미이다. 학생들이 개별적으로 수업을 선택하여 수강하고 학점을 모으기 때문에 대학과 유사하다.

일반 고등학교를 다니는 동안 대부분의 시간을 마지막 해에 치르게 될 졸업 시험을 준비하는 데 보냈다. 대부분 3년에 걸려 고등학교를 졸업하지만 2년 또는 4년 만에 졸업하는 것도 가능한데, 이는 학생이 얼마나 빨리 각 과목을 이수하고 충분한 학점을 취득하느냐에 따라 달라진다. 고등학교에 다니는 동안 대부분의 시간은 보통 마지막 해에 치르는 졸업 시험을 준비하는 데 할애된다. 졸업 시험은 고등학교 교육을 마무리하는 시험으로, 대학교 진학 자격을 결정한다. 대부분의 고등학생들은 대학에 진학할 수 있는 옵션을 갖기 위해 졸업 시험을 치른다. 그러나 졸업 시험은 의무 사항이 아니며, 고등학교 과정 수료자는 각 과목의 평균 성적이 포함된 수료증을 받을 수 있다. 그렇지만 고등학교를 수료로 마치는 경우는 일반적이지 않다. 핀란드에서는 졸업 시험이 봄과 가을 1년에 두 번 실시되며, 학생들은 보통 두세 번으로 나누어 이 시험을 치른다. 나의 학창 시절에는 최소 네 개의 과목이 졸업 시험에 포함됐다. 각 과목은 요일별로 배정되었고 시험은 과목당 3~6시간이 소요되었다. 하지만 매일 여러 과목의 시험이 동시에 진행된다. 따라서 학생들은 한 번의 시험 기간이 아닌 두세 번의 기간에 걸쳐 졸업 시험에 보게 된다.

일반 고등학교에 입학하면 1년차 학생들은 2년차 학생인 조교를 소개 받게 된다. 조교 역할을 하는 선배는 신입생들이 수강할 과목을 선택하고 친구를 사귈 수 있도록 다양한 이벤트를 조직하는 데 도움을 준다.

나는 2학년 때 조교로 선발되어 신입생들과 함께 1박 2일 동안 캠핑장에서 즐거운 시간을 가졌다. 조교들이 준비한 놀이를 하고 모두가 자유롭게 대화하면서 서로를 알아갈 수 있는 자유 시간이 있었다. 고등학교의 조교는 초등학교의 꿈미오뻴라스와 중학교의 뚜끼오뻴라스와 유사하며, 1년차 학생들이 고등학교 시스템에 적응하고 과목 선택 및 개인 시간표 작성에 도움을 주는 역할을 한다. 고등학교에서는 학년차가 다른 학생들과 서로 쉽게 친구가 될 수 있었고, 누가 더 나이가 많고 어린지는 중요하지 않았다. 때로 1년차 학생은 2년차 또는 3년차 학생과 같은 과목을 수강하게 되어 나이가 많은 친구들과의 교류가 흔했다.

2년차 학생들은 2월에 교사들의 도움으로 연미복과 아름다운 드레스를 입고 수개월 동안 연습한 다양한 볼룸 댄스를 추는 무도회(vanhojen tanssit)를 열었다. 이는 2년차 학생들이 고등학교에서 최고 선배로 자리매김하는 3년차가 되는 것을 축하하는 행사인데 3년차 학생들은 마지막 남은 학교 생활을 졸업 시험을 볼 준비하는 것으로 시작한다.

무도회의 마지막 리허설 © Olivia Mujunen

졸업 시험을 치르는 3년차 때, 고등학교의 마지막 해를 축하하는 특별한 행사가 있었다. 가을에 '100일(100 päivää)'이라는 행사가 있었는데, 이를 통해 '시험 준비 휴가(lukuloma)'가 시작되기 전에 남은 정상 수업일이 100일밖에 남지 않았다는 사실을 축하했다. 3주간의 이 휴가 기간 동안 학생들이 독립적으로 공부한 후 졸업 시험이 시작된다. 3년차 학생들은 자신들이 직접 이러한 행사의 테마를 정했는데, 내가 3년차 되는 해는 핀란드 독립 100주년이었기 때문에 우리는 테마를 '핀란드 100(Suomi 100)'으로 정했다. 그날 우리는 하키 팬(hockey fans) 복장, 사우나 복장, 산타클로스 복장 등 핀란드를 상징하는 다양한 의상을 입었다. 우리는 음악을 크게 틀어 놓은 기기를 들고 고등학교를 마치기까지 남은 날의 수가 적힌 전단지를 여러 교실에 몰려다니며 들어가서 나눠 주었다.

2월에 2년차 학생들이 무도회를 하는 동안, 우리 3년차 학생들은 '뻰까릿(penkkarit)'이라는 행사로 학창 시절의 종료를 자축했다. 그날 우리는 전교생이 모이는 학교 대강당에서 축하 행사를 하는 것으로 하루를 시작했다. 우리는 선생님과 학생들이 참여하는 퀴즈를 준비했고 음악 공연도 열었으며 관객들을 향해서는 사탕을 던졌다. 그 후 우리는 트럭 두 대가 기다리고 있는 학교 마당으로 나갔다. 학생들이 직접 만든 큰 현수막을 트럭 양쪽에 걸었다. 현수막은 정치적이든 일상적이든 일종의 농담이 내포되어 있었고, 학교의 로고도 표시되어 있었다. 이는 나중에 관중들이 각 트럭이 어느 학교에 속하는지를 인식하는데 도움을 주었다. 3년차 학생들이 모두 트럭에 모였을 때, 후배

거리의 사람들이 지켜보는 가운데 학생들로 가득 찬 트럭이 도심을 돌고 있다.
© Olivia Mujunen

학생들은 우리에게 작별 인사를 건넸고 우리는 사탕을 더 던져 주고 트럭에 오른 후 다른 목적지로 떠났다. 다음 목적지는 헬싱키에서 뻬까릿에 참여하는 학교가 모두 모이는 출발점이었다. 우리 학교는 아침 일찍 축하 행사를 개최하는 전통이 있었기에, 우리가 타고 있던 트럭이 트럭 줄에서 첫 번째가 될 수 있었다. 트럭의 순서는 선착순으로 정해졌다. 여러 대의 트럭이 줄지어 서 있는 곳에 모두 모이자 우리는 경찰차의 인도를 따라 도심으로 움직이기 시작했다. 트럭이 이동하는 경로는 다른 차량으로부터 차단되었고, 우리는 거리의 사람들에게 사탕을 던지며 같은 경로를 약 1~2시간 동안 두 번 돌았다. 몇 시간 동안 교통을 차단하고 헬싱키의 3년차 학생들이 모여 고등학교의 마지막 해를 축하하는 행사에 함께 할 수 있다는 것은 정말 대단한 일이었고, 내 학창 시절의 백미였다. 3년차 학생들은 법적으로 음주 연령을 넘겼기 때문에 우리 학교에서는 술집에 가서 술을 함께 마시는 것이 하루를 마무리하는 전통이기도 했다. 그런 다음 기말고사 준비를 시작했다.

졸업 시험이 끝난 후 그 결과가 나올 때까지 한 달 조금 넘게 기다려야 했다. 점수는 5월에 발표되었다. 그때 일부 학생들은 졸업 시험 성적이 원하는 대학에 들어가기에 충분하지 않을 경우를 대비하는 차원에서 대학교 본고사를 준비하곤 했다.

과거에는 졸업에 요구되는 시험 과목 수가 최소 네 개였으나 현재는 다섯 과목으로 변경되어, 제1국어, 제2국어, 수학, 외국어, 그리고 레알리(reaali), 즉 심리학이나 물리학 등과 같이 언어나 수학 이외의 과목이 포함된다. 학생이 원할 경우 더 많은 레알리 과목의 시험을 추가로 볼 수 있지만 의무 사항은 아니다. 졸업 시험의 각 과목 성적은 대학에 지원할 때 특정 점수로 환산된다. 추가로 레알리 과목이 포함된다면 가장 높은 점수를 받은 다섯 과목(제1국어 포함 필수)이 대학 선발에 반영된다. 점수는 지원하는 전공에 따라 다르며, 예를 들어 의과 대학을 지원할 경우 화학과 수학에서 가산점을 받을 수 있지만, 어학을 전공으로 지원할 경우 언어 과목에서 가산점을 받을 수 있다. 이러한 이유로 일부 학생들은 더 많은 '레알리' 과목을 졸업 시험에 포함하여 다양한 전공에 지원할 수 있는 폭을 넓히고 선발 과정에서 가산점을 받으려 한다. 대학교 본고사는 졸업 시험 점수가 응시하는 대학의 입학 기준에 미치지 못할 경우를 위해 선택 사항으로 존재한다.

고등학교 졸업모를 쓴 모습
© Amanda Nduwuaku

보통은 고등학교 졸업 직후 대학에 진학하지만, 학업을 일 년 이상 쉬는 경우도 매우 흔하다. 나는 고등학교 졸업 즉시 대학에 진학하지 않기로 마음을 정했다. 그래서 학업으로부터 3년이라는 공백기를 가졌는데 졸업 시험 결과 대기 시간을 다른 뭔가를 시작하기 전 휴식 기간으로 삼았다.

마침내 졸업 시험 결과가 나왔을 때는 졸업식이 일주일 정도 남은 상태였다. 졸업식은 대강당에서 부모님들이 지켜보는 가운데 졸업장과 흰색 졸업 모자인 '일리오삘라스락끼(ylioppilaslakki)'를 수여 받으면서 진행되었다. 흰색 졸업 모자는 대학 입학 자격을 부여하는 졸업 시험을 통과한 경우에만 받을 수 있으며, '졸업생(ylioppilas)'으로 고등학교를 마친다는 것을 의미한다. 만약 졸업 시험을 통과하지 않고 고등학교 마치면 졸업 모자를 받을 수 없다. 졸업식이 끝나면 졸업생들은 서로 작별 인사를 하고 집으로 돌아가 가족 및 친지들과 함께 축하 파티를 하는 것이 전통이다.

학교 생활을 즐기려면 학업과 다른 기타 활동 사이의 균형을 잘 맞추는 것이 중요하다고 생각한다. 초등학교와 중학교 때는 학업에 큰 부담을 느끼지 않았는데, 나는 이 점이 참 행복했다. 방과 후 친구들과 자유로운 시간을 보내고 주변 환경을 스스로 탐험할 수 있는 여유 시간을 충분히 가질 수 있다는 사실은 어른들이 우리를 신뢰하고 믿어 준다는 느낌이 확실히 들게 해 주었다. 그리고 학교의 다양한 전통적인 행사에 직접 참여하는 것도 신나는 경험이었다. 이상의 즐겁고 행복했던 학교 생활은 우리의 기억 속에 오래토록 남아 있을 것이다.

핀란드의 대학 생활

•

아바 만니넨 _ Aava Manninen

핀란드는 평생 무상 교육이기 때문에 등록금이 전혀 없는 반면, 학자금과 관련하여 학생들이 정부로부터 재정 지원을 받을 수 있다.

핀란드 대학교의 연구는 탁월한 수준으로 평가되고 있다. 핀란드에는 두 가지 유형의 대학 교육 과정이 있는데, 종합대학교 14개와 응용 과학 대학 24개가 그에 해당한다. 대학교의 학과 대부분은 학사 학위를 마치는 것과 동시에 석사 학위로 진학할 수 있는 권리를 자동으로 부여한다. 따라서 일반적인 학업 예상 기간은 5년이며 3년의 학사 학위 과정과 2년의 석사 학위 과정으로 구성된다.

핀란드 교육에 관한 견해

핀란드에서 종합대학교 입학은 일반적으로 우수한 학업 성취로 간주되며 그 자부심을 인정하는 시각에서 볼 수 있지만, 응용 과학 대학의 학위는 종합대학교 학위보다 약간 낮게 인식되는 사회적 현상이 존재한다. 대학교 학과 중에서도 '인상적'이라고 여겨지는 학문 분야는 의과 대학, 공과 대학, 법학 대학 등 다른 많은 국가와 일치하는 경향이 있다. 그러나 교육의 질은 일반적으로 학위 수준과 내용상 모든 대학 간에 매우 일괄적이라고 간주되며, 특히 명문 대학교는 실제로 존재하지 않는다. 그럼에도 불구하고 가장 역사가 오래되고 규모가 크고 국제적으로 잘 알려진 헬싱키 대학교가 그러한 지위를 차지할 것이라고 주장할 수도 있다. 핀란드에서 헬싱키 대학교의 의과대학이 입학하기 가장 어렵기 때문에 그 학업 과정이 상당한 성과로 간주되는 등 일부 측면이 사실일 수 있지만, 핀란드인들 사이에서는 모든 대학교가 하나의 동등한 대학교로 취급된다.

핀란드에서는 대학 이상의 고등 교육을 받는 것이 의무가 아닌 개인적인 선택이다. 핀란드 사람들은 대학 학위가 없어도 고액의 급여를 받는 값진 직업이 많다는 것을 긍정적으로 숙지하고 있다. 하지만 전 세계적으로 취업 시장이 점점 불안정해지고 있는 상황에서, 일반적인 대중의 의견은 대학 학위, 즉 석사 학위나 박사 학위가 미래의 밝은 취업 전망을 위한 안전한 선택이라는 것이다. 그럼에도 불구하고 최근 대학 이상의 고등 교육을 받은 사람들이 여전히 취업에 어려움을 겪고 있는 추세는 많은 핀란드 사람들에게 우려스러운 일이다. 고등 교육에 대한 견해는 지역에 따라 크게 다를 수도 있지만, 확실히 개별 가정의 분위기에 따라 다를 수 있다. 학력이 높은 부모들은 자녀들에게도 같은 수준의 학력을 권장하는 경향이 나타날 수 있다. 특히 이러한 부모들은 자연스럽게 자녀들에게 갖가지 교육 활동을 장려하고 그 가치를 전달하려는 경향이 있으며, 이는 나중에 대학 교육을 받고자 하는 관심을 갖게 할 수 있다.

대학교 입학과 학비

핀란드에서 대학에 입학하는 방법은 두 가지가 있으며, 두 방법 모두 입학생 정원제에 기초한다. 고등학교 과정을 마치는 졸업 시험 성적을 인정 받아 선발될 수 있지만 입학 심사의 최소 합격 기준에 미치지 못한 학생은 본고사라 할 수 있는 대학교 입학 시험을 따로 치러야 한다. 이 두 방식 모두 대학 입시를 처음 시도하는 입시생이 이전에 대학을 다녔던 입시생보다 입시 경쟁에서 이로울 수 있다. 고등학교 졸업생은 졸업 후 곧바로 대학교에 지원하는 것이 일반적이지만, 많은 사람들이 여행이나 직장 등으로 대학교 입학을 미루기도 한다. 따라서 대학에 입학하는 학생의 대부분은 20대 청년이지만 30대나 중장년 이상도 진로를 바꾸기 위해 만학을 하는 것이 전혀 드문 일이 아니다. 그래서 신입생 중 일부는 이미 학위를 받은 학생들도 있다.

핀란드는 평생 무상 교육이기 때문에 등록금이 전혀 없는 반면, 학자금과 관련하여 학생들이 정부로부터 재정 지원을 받을 수 있다. 학생 보조금을 받는 자격과 금액은 학생의 소득과 여건에 따라 달라진다. 많은 학생들이 아르바이트를 하지만, 불가피한 경우 생활비에 대한 재정 지원을 별도로 신청할 수 있다. 정부에 학자금 대출을 신청하는 것도 일반적이다. 학업 기간을 연장하지 않고 정해진 기간 내에 졸업하면 부채의 일부가 사면될 수 있다. 최근 복지 개혁으로 인해 재정 지원이 줄어들면서 많은 학생들이 경제적 불안정에 직면하고 있다. 이러한 개혁에 항의하는 학생들은 주로 학자금 마련을 위해 일해야 하는 부담이 늘어나기 때문에 정해진 기간 내에 학위를 마칠 수 없을 것이라는 염려를 하고 있다.

대표적인 대학생 행사

핀란드의 대학가는 대학 문화가 눈에 띄게 활기차다. 학생들은 대학교에 입학하면 전공 과목을 상징하는 색상의 '오삐스껠랴할라리(opiskelijahaalari)'라 불리는 단체 학생복을 구입한다. 오버롤 형태의 이 학생복은 학과의 유대감을 상징하기도 하지만 학생 행사에 야외 활동이 다수 포함되므로 자신들의 옷을 보호하려는 목적을 갖고 있다. 이 오버롤은 사진에서 보듯이 패치로 장식되어 있으며, 무료 배포를 받기도 하지만 다양한 학생 행사나 다른 판매처에서 구매하기도 한다. 대학교 주변의 거리는 학생들이 이것을 입고 그들의 연중 축제나 행사에 참여하기 때문

학생 행사 때 입는 학생복 오버롤

에 이러한 오버롤의 색상들로 가득 차 있다.

대학생 행사의 대표적인 예로는 음주가 학생 문화의 큰 부분을 차지하는 경향이 있기 때문에 수십 년 동안 '아쁘로바뚜르(approbatur)' 또는 줄여서 '아쁘로(appro)'라고 불리는 술집 방문하기가 인기를 끌고 있다. 아쁘로 이벤트는 학생들이 여러 술집을 방문하여 스탬프 카드를 채우기 위해 정해진 양의 음료를 구매하는 것을 포함한다. 카드에 스탬프를 모두 받으면 학생들은 이를 인정해 주는 패치를 받게 된다. 요즘은 음주를 자제하는 분위기가 청년들 사이에서 퍼지고 있어서 술을 디저트로 대체하는 유사한 이벤트가 점점 더 인기를 얻고 있다.

근로자와 고등학교 졸업생, 그리고 봄을 동시에 경축하는 휴일로 알려진 바뿌(vappu)는 4월 31일과 5월 1일 양일간 즐기는데 대학생들 사이에서는 일 년 중 가장 큰 축제이다. 이 축제의 핵심 전통은 헬싱키 시내의 바닷가에 위치한 하비스 아만다(Havis Amanda) 동상 머리에 고등학교를 졸업을 상징하는 하얀색

하비스 아만다 동상에 고등학교 졸업모를 씌우는 장면

모자를 씌우는 것이다. 이 동상에 모자를 씌운 후 모든 대학생들이 머리에 고등학교 졸업 모자를 얹고 바뿌의 공식적인 시작을 알린다. 이 축제를 위한 다른 전통으로는 풍선 구매, '띠빠레이빠(tippaleipä)'라는 라면 모양의 과자 먹기, '시마(sima)'라는 순한 알코올음료 마시기, 이색적인 의상 입기 등이 있다. 바뿌는 전국 모든 국민이 기념하지만, 특히 학생들이 만끽하는 축제이다. 대학생들은 멜빵 바지와 졸업 모자를 착용하고 공원에서 피크닉을 즐기며 야외 게임을 즐긴다. 바뿌는 크리스마스와 달리 전통적으로 가족과 조용히 보내는 것이 아니라 전국 곳곳에서 친구들과 함께 야외 피크닉을 하며 즐거운 시간을 갖는다. 따라서 핀란드 거리에 이를 경축하는 사람들로 가득 차는 드문 행사 중 하나이다.

근로자의 날 풍선 판매

학생회는 일반적으로 연중 내내 다양한 행사를 조직하는데, 그중 가장 큰 행사로 '싯싯(sitsit)'이라고 불리는 대학생 만찬 파티가 있다. 이 행사는 형식이 다양하지만, 항상 음주가를 부르면서 술을 즐기는 것과 함께 순서를 따라 음식이 제공되는 만찬을 즐기는 것이 포함된다. 그러나 요즘은 항상 무알코올 메뉴

정치학과의 싯싯

아시아, 아프리카, 중동 언어 및 문화학과의 싯싯

옵션도 제공된다. 일부 싯싯 파티에는 짧은 연극도 포함되며, 리더의 지휘를 따라 합창을 연이어 하기도 한다. 만찬 동안 학생들은 각 과마다 다른 싯싯 규칙을 따라야 한다. 대부분의 학과에서 주최하는 싯싯은 일반적으로 비형식적이지만, 연설 요청이나 특정 방식으로 술잔을 들고 건배하는 등의 에티켓 같은 규율을 준수해야 한다.

캠퍼스와 학생 생활

핀란드의 캠퍼스에는 기숙사가 없다. 대신 학생들을 위해 저렴한 가격에 아파트를 임대하는 학생 기숙사 협회(HOAS)가 있으며, 이 아파트 건물은 보통 대학 도시 곳곳에 위치해 있다. 헬싱키 대학교는 도시 내 곳곳에 네 개의 캠퍼스를 두고 있다. 도심 캠퍼스는 가장 역사적인 건물이 많은 곳으로 인문학부, 교육학부, 신학부, 법학부, 사회과학부, 스웨덴 사회과학부가 위치해 있다. 강의 시설과 함께 캠퍼스는 다양한 건물과 공간을 제공하며, 학업, 공동 작업, 열린 포럼 및 다양한 네트워킹 행사를 제공한다. 각 캠퍼스 곳곳에는 학생 할인 가격으로 점심을 제공하는 '대학 식당(UniCafe)'도 있으며, 학생과 교직원 누구나 저렴하게 이용할 수 있는 '대학 스포츠(UniSport)' 헬스장도 있다.

도심의 대학 식당

도심의 대학 스포츠 헬스장

나는 시내 한가운데 있는 도심 캠퍼스에서 공부하는 학생인데, 캠퍼스 헬스장에서 아침 요가를 한 후 강의를 들으러 가는 것이 일반적인 하루이다. 가끔 강의가 끝난 후 헬싱키 대학교 랭귀지센터에서 제공하는 원어민과 말하기 활동에 참여하기도 한다. 이러한 활동은 원어민 학생과 편안한 환경에서 말하기 및 의사소통 기술을 연습하는 데 관심이 있는 학생들을 위한 모임이다. 한국어 전공자인 나는 아시아, 아프리카, 중동 문화 및 언어 학생회에 소속되어 있다. 우리 학생회는 학업과 관련된 활동과 그렇지 않은 활동도 조직하고 있다. 예를 들어 스포츠 이벤트, 국제영화 감상 토론, 예술 및 공예 세션 등 다양한 활동을 한다. 학생회는 위에서 언급한 것처럼 다양한 레크리에이션 활동을 제공하지만 동시에 학생들이 학업과 진로에 대한 지식과 경험을 공유할 수 있는 통로의 역할도 한다. 일과 삶의 균형은 핀란드인에게 매우 중요한 일이며, 일상적인 책임과 함께 휴식을 취하고 즐기는 것의 중요성을 과소평가하지 않으려고 노력하는데, 이는 우리 대학 문화에서도 볼 수 있다고 본다. 학생들은 성실하게 열심히 공부하고 일하지만 자유롭게 지낼 수 있는 시간도 충분히 확보하고 있다.

핀란드의 교육 문화

요한나 마켈라 _ Johanna Mäkelä

핀란드인들은 학습이 실습을 통해 이루어진다고 믿으며, 아이들은 놀이를 통해 가장 잘 배운다고 생각한다.

핀란드는 높은 수준의 교육 시스템과 학생들의 세계 상위권을 웃도는 우수한 학업 성취로 종종 칭송을 받는다. 이처럼 성공적인 핀란드 교육의 가장 큰 차별화 요인은 성장하는 어린이와 청소년을 이해하고 이를 중심으로 교육을 설계하는 데 중점을 둔다는 것이다. 또한 장차 맞이하게 될 독립된 생활과 미래에 대한 준비를 위한 도움을 주고 지원하는 역할을 한다.

자연은 교육의 일부

유치원부터 고등학교까지 의무 교육 전반에 걸쳐 자연과 환경은 지식적인 측면과 육체 활동적 측면 모두 학교 수업에서 뚜렷하게 나타난다.

체육 수업은 다양한 목적으로 활용되며, 어린이와 청소년에게 일상에 필요한 협동심과 동기심을 부여하는 방식으로 가르치고, 일상생활에서 더 많은 육체 활동을 할 수 있게 해 준다. 초등학교에서 5학년 때까지는 전체 학급을 대상으로 체육수업을 하였고, 그 이후에는 여학생과 남학생이 따로 나뉘어 수업이 진행되었다.

우리는 체육 수업에 축구, 스키, 암벽 등반, 체조 등 다양한 스포츠를 배웠다. 체육 수업은 종종 학교 밖에서, 예를 들어 근처 숲이나 풀밭, 또는 스포츠 센터 등에서 했다. 어렸을 때는 선생님의 인도를 따라 이런 곳들로 이동했지만, 나이가 들면서 개별적으로 갈 수 있게 되었다. 중학교에서는 자유롭게 체육 수업을 받을 수 있었다. 우리는 종종 걸어서 또는 자전거를 타고 이동했지만, 가끔은 버스를 타야 했다.

내가 다녔던 초등학교는 숲과 자연에 둘러싸여 있어서, 체육시간에 숲으로 나가 오리엔티어링을 하곤 했다. 대부분의 학교의 운동장은 겨울에 얼음을 얼려서 스케이트를 탈 수 있다. 나는 체육시간에 하는 운동 중에 스케이트를 가장 좋아했지만 여자아이들은 아이스하키를 하는 것이 허락되지 않아서 실망했었다. 이처럼 종종 체육시간에 성별에 따른 불공정한 결정을 따라야 했고, 이는 여러 학생들을 분노하게 했다. 나는 이런 불만에 관해 많은 친구들과 얘기를 나누었는데, 이는 핀란드 전역의 많은 학교에서 문제가 되고 있다.

학교에서 모든 사람이 꼭 배워야 하는 필수 스포츠 중 하나가 수영이었다. 핀란드에는 수천 개의 호수와 강이 있기 때문에 모든 사람이 수영하는 법을 익혀야 하고 물에 빠진 사람을 구조할 수 있어야 한다. 수영 기술을 배우고 익히는 것은 매우 중요하지만, 학교 수영은 많은 학생들에게 상충되는 감정을 불러일으켰다. 사춘기가 시작되고 청소년기가 다가오면서 학교의 수영 강습은 아마도 누구도 하고 싶어하지 않은 수업이었을 것이다. 나는 아기 때부터 수영을 좋아했지만 학교의 수영 강습 때문에 수영에 대한 애착이 완전히 사라졌다. 이러한 나의 변화에 큰 영향을 미친 또 다른 측면은 대부분의 교사들이 학교 수영이 초래할 수 있는 불안감을 이해하지 못했다는 것이다.

수영을 배우는 체육시간

7학년에서 8학년 사이의 모든 학생은 여름방학 동안 식물 채집을 해야 했다. 자연 속의 식물을 수집해서 잘 관리해서 폴더에 부착해야 했다. 이 과제의 목적은 자연 속에서 자라는 식물의 다양한 종을 식별하는 법을 배우고, 그 식물들이 자라는 지역을 찾는 법을 배우는 것이었다. 이런 경험은 또한 성년이 되어서 야외와 자연 속에서 더 많은 시간을 보내게 되는 원인이 된다. 여름방학 동안 방학 숙제에 시달리고 싶지 않아서 짜증이 났던 걸 기억한다. 나는 어머니께서 식물 채집을 도와주셨는데 덕분에 좋은 성적을 받을 수 있었다.

고등학교의 차별화

요즘은 초중등학교뿐 아니라 고등학교 교육도 의무이다. 따라서 18세 미만의 모든 시민이 고등학교까지 의무 교육을 받게 된다. 내가 고등학교 다닐 당시 의무 교육이 아니었으나 등록금은 없었다. 하지만 교과서 및 졸업과 관련된 비용은 자비로 부담하였다. 9학년이 되면 지원할 고등학교를 선택한다. 이때 최대의 관건은 일반 고등학교냐 직업 학교냐이다.

다수의 사람들, 특히 부모님 세대 이상은 일반 고등학교(lukio)를 일반 교육(yleissivistys)이라고 부른다. 이는 미래의 대학 학업을 위한 중요한 준비 과정으로 여겨지기 때문이다. 핀란드의 일반 고등학교는 대학교와 거의 같은 방식으로 운영된다. 수강할 과목과 과정은 학생 자신이 선택한다. 물론 필수 과목이 있고 전공과 같은 개념도 있기는 하지만, 학생들은 자신이 공부하고 싶은 것을 무엇이나 선택할 수 있는 자유가 있다. 일반 고등학교를 공식적으로 졸업하려면 일정량의 학점을 이수하는 것이 필수 사항이지만 이와 함께 졸업 시험을 통과해야 한다. 졸업 시험의 일부 과목도 학생이 선택한다. 내 경험을 뒤돌아 보면 고등학교 입학 후 첫 한 달 동안은 고등학교 졸업 시험 과목으로 무엇을 선택할지 고민해야 했다. 동기들이 모두 다섯 과목을 선택하는 반면, 나는 네 과목만 선택했다. 결국 졸업 시험을 위해 필요한 한 과목을 더 수강하지 않았기 때문에 나는 졸업 시험 성적만으로 대학에 들어갈 수 없었고, 본고사도 봐야 했다.

한편 직업 학교는 직업에 대비하도록 준비시켜 주는 교육을 제공한다. 직업 학교는 미용사부터 기계공, 그리고 미디어부터 의료 분야까지 다양한 계통의 교육을 제공한다. 지원자가 이미 특정 분야에 관심이 있다면, 직업 학교는 그들이 해당 분야로 진출하고 취업할 수 있는 완벽한 길이다. 하지만 이유가 무엇이든 일반 고등학교에 진학하지 못해 직업 학교가 두 번째 선택지가 되는 경우가 많다. 핀란드에서 직업 학교는 일반 고등학교에 비해 다소 낮은 수준의 교육으로 여겨진다. 내가 9학년일 때 학교 선생님들은 나를 일반 고등학교에 다닐 만큼 똑똑하지 못하다고 생각해서 직업 학교에 진학하기를 희망하셨다. 하지만 그쪽으로는 전혀 관심이 없어서 고려조차 하지 않았다. 그런데 이런 현상과 관련해 한 가지 주목해야 할 점은 직업 학교가 일반 고등학교 과정보다 결코 쉽지 않다는 것이다.

나의 일반 고등학교 시절

나는 고등학교 1년차 때 언어 수업을 여럿 수강했고 그밖의 다른 선택과목도 수강했다. 졸업을 목표로 첫 학년 수업을 들어야 했던 걸 기억한다. 나는 연극과 미디어를 전공으로 공부했는데, 주로 연극을 공부했다. 시간표를 이와 관련된 과목들로 채웠다. 1년차 때는 필수 과목을 많이 놓쳤지만 거의 매일 오전 8시부터 오후 4시까지 학교에서 수업을 들었다.

나는 항상 공부를 비교적 잘해 왔다. 나는 완벽한 학생은 아니고 여가시간을 공부에 많이 투자한 적도 없지만, 그래도 좋은 성적을 받았다. 물론, 부모님은 내가 더 나은 성적을 받기를 기대하셨지만, 내 성적이 나쁘다고 생각하신 적도 없다. 내 성적은 10점 만점 기준으로 평균 8점 정도였다. 중간 정도의 성적이었지만, 그래도 양호한 성과였다고 생각한다.

고등학교 졸업모

한국에서의 교환학생 시절

나는 처음부터 교환학생을 지원할 생각으로 고등학교에 입학했다. 나는 늘 외국과 여행에 관심이 많았고, 특히 교환학생 프로그램에 항상 매료되어 있었다. 교환학생 생활을 통해 한국과 핀란드에 대해 많은 것을 배웠다. 교환학생 생활은 한국에서 공부를 '잘' 하려면 얼마나 많은 노력이 필요한지 깨닫게 해주었고, 공부를 더 잘해야겠다는 엄청난 동기를 부여해 주었다.

한국과 핀란드의 교육과정 사이에는 셀 수 없이 많은 차이점이 있지만, 그중 몇 가지를 강조하고 싶다. 가장 큰 차이점은 미래에 대해 이야기하는 방식이다. 핀란드처럼 한국에서도 진로, 즉 다양한 직업 선택이나 취업 가능성이 높는 학과에 대해 이야기하고, 각자가 미래에 하고 싶은 일을 탐색하는 수업이 있다. 하지만 핀란드에서는 나 개인적으로 이와 관련하여 그 어떤 형태의 지지나 지원을 받아 본 적이 없다. 내가 다녔던 일반 고등학교에서는 주로 의학이나 법학이 아니면 경영학에 대해서만 이야기했다. 대학 진학 외에는 아무것도 이야기하지 않았다. 이러한 상황에도 불구하고 우리 연극 학도들 사이에서는 연극 분야가 자주 거론되었다. 하지만 나는 고등학교를 마치고 나서야 내가 관심 있는 분야를 발견했고, 졸업 후 3년이 지나서 대학에 입학했다.

많은 사람들이 고등학교 졸업 후 바로 대학에 진학하지 않는데, 이는 핀란드에서 매우 흔한 관행이다. 이렇게 대학 입학을 미루는 동안 청년들은 학업을 계속하기 전에 돈을 벌기 위해 일도 하고 다른 경험을 쌓는다. 하지만 아무도 핀란드에서 일자리를 구하는 것이 얼마나 어려운지 말해 주지 않았고, 나는 가까스로 제대로 된 일자리를 구하기 전까지 2년 동안 실업 상태를 유지해야 했다. 이러한 상황은 개선되지 않고 있으며, 매년 실업자가 점점 더 늘어나고 있는 실정이다.

한국에서는 이런 상황이 전혀 다르게 느껴졌다. 모든 사람은 고등학교 졸업 후의 진로를 정해 놓고 있었다. 그리고 그 분야는 의학 분야만 있는 게 아니었다. 스타일리스트, 미용사, 운동선수, 음악가, 변호사, 마케팅 전문가 등도 있었다. 물론, 젊은이들이 꿈꾸는 직업이 항상 같은 것은 아니지만, 모두가 학교와 함께 이런 분야를 탐색할 수 있다는 점이 부러웠다. 교사들이 학생들을 믿고 격려하는 방식도 핀란드와 전혀 달랐다. 핀란드에서는 선생님이 내 이름조차 모를 수 있고, 내가 어떤 분야나 과목에 관심이 있는지는 더더욱 몰랐을 것이다.

공부에 있어서 또 다른 큰 차이점은 시험이다. 핀란드에서는 거의 모든 시험에 장문의 글을 쓰는 주관식 문제가 한두 개 나올 거라는 마음가짐으로 임한다. 초등학교에서 글쓰기를 배우고 나면 우리는 바로 수필을 쓰기 시작한다. "자신의 말로 쓰세요!"는 제가 선생님들에게서 가장 많이 듣는 지시 사항이다. 내가 시험을 위해 뭔가를 암기했던 건 불규칙 언어 활용 시험을 위해서였을 뿐이다. 핀란드에서 시험의 목표는 무언가를 기억하는 것이 아니라 이해하는 것이다. 한국에서는 시험이 대부분 객관식이라는 것을 알고 있었지만 그래도 직접 보고 무척 놀랐다. 또한 학생들이 주관식 문제의 답을 어떻게 암기했는지도 알게 되었다. 실수가 허용되지 않는 상황에서는 수긍할 만하지만, 나는 그것이 주관식 문제의 목적을 파괴하는 것 같다고 느꼈다.

핀란드에서 대학 입시에 필요한 고등학교 졸업 시험도 한국의 수능과 크게 다르다. 졸업 시험, 다른 말로 '글쓰기 시험'이라고도 부르는데 이는 어느 과목이든지 막론하고 글쓰기 문제가 졸업 시험의 주를 이룬다. 시험에는 필수 과목 몇몇과 선택 과목이 포함된다. 내가 졸업할 당시 시험 필수 과목은 국어와 외국어(심화 과정), 그리고 선택 과목은 스웨덴어나 수학이었다. 나는 핀란드어, 영어, 수학, 심리학을 졸업 시험 과목으로 공부했다. 시험은 일 년에 두 번, 약 한 달 간격으로 치러지며, 과목마다 시험 날짜가 다르다. 한 번의 시험은 3~6시간 동안 진행된다. 시험 결과도 한국과 달리 표준화된 평균을 활용하므로 시험 성적은 다른 학생들의 성적에 따라 달라진다.

내가 알기로 한국의 수능은 일 년에 한 번 치러지며, 모든 과목을 같은 날 시험 보고, 대개 사지선다형 객관식 문제로 구성되어 있다. 나는 이 학생들이 얼마나 많은 스트레스를 받고 있는지 충분히 상상할 수 있다. 나는 영어 영역의 수능 실전 모의고사를 봤다. 시간이 충분하지 않았다. 나는 아마도 6시간 정도 되는 시험에 익숙해 있을 것이다. 하지만 수능은 8시간 동안 집중해서 치러야 하는 시험이다.

이러한 교육 시스템의 차이는 문화적 차이와 밀접한 관련이 있다고 본다. 핀란드인들은 학습이 실습을 통해 이루어진다고 믿으며, 아이들은 놀이를 통해 가장 잘 배운다고 생각한다. 단순히 해당 과목에 대한 지식만 아는 것보다, 배운 지식을 창의적으로 적용하고 표현하는 것이 더 중요하다고 믿는다. 학급 평균에 해당하는 중간 정도의 성적도 충분히 양호하게 인식되므로, 모든 사람이 최고의 성적을 목표로 하지 않는다. 반면, 한국에서는 학생들이 최고의 성적과 명문 대학 입학을 위해 서로 경쟁하는 경우가 많기 때문에 무엇보다 중요한 것이 높은 점수의 성적이다. 객관식 시험은 학생들에게 자신이 실제로 무엇을 이해하고 아는지 보여 줄 기회를 제공하지 않는다. 한국에서는 고등학교 졸업 후 무엇을 할 것인지, 어떤 학교에 지원할 것인지, 어떤 분야를 전공할 것인지에 많은 관심이 집중되어 있으며, 이를 알아내기 위해 시간과 자원을 투자한다. 그러나 핀란드에서는 청소년들의 독립심 양성을 목표로 삼다 보니 학교에서 그들이 진로를 찾는 데 필요한 자원과 지원을 제공하지 못하는 경우가 있는 것 같다.

나는 한국에서 교환학생으로 지내는 동안 내가 관심을 가질 만한 분야와 직업에 대해 생각하기 시작했고, 그 결과 지금 한국어를 전공하게 되었다.

삶을 배우는 유아교육

요한나 솜메르스-피로이넨 _ Johanna Sommers-Piiroinen

핀란드에서는 유아교육이
아동의 바람직한 성장, 발달, 학습을
총체적으로 촉진하는 놀이와
활동에 기반을 두고 있다.

유아교육과 어린이집 - 핀란드 교육의 기초

4~5세 아이들이 교사와 함께 근처 숲에서 어린이집으로 돌아간다. 아이들은 한 시간 반 동안 그곳에서 놀면서 야외 활동을 하고 있었다. 가는 길에 아이들의 시선을 사로잡는 자율주행 배달 로봇을 만난다. 로봇은 횡단보도 앞에서 멈춘다. 교사의 지도 아래 아이들은 함께 생각하기 시작한다: 로봇은 어디로 가는 걸까? 로봇이 횡단보도 앞에서 멈추는 것을 어떻게 알 수 있을까? 로봇의 목적은 무엇일까? 아이들 중 한 명은 이 로봇이 슈퍼마켓에서 온라인 고객에게 식료품을 배달하는 로봇이라는 것을 이미 알고 있다. 로봇은 길을 건너 계속 이동하고 아이들은 즐겁고 활기차게 떠들며 다시 어린이집으로 향한다: "우리도 어린이집으로 로봇에게 뭔가 배달시킬 수 있을까?"

배달 로봇

핀란드의 교육은 유아교육에서 시작된다. 현재 핀란드에 거주하는 모든 어린이는 법률에 의거하여 유아교육에 참여할 권리, 즉 성장과 발달에 대한 지원을 받을 권리가 있다. 이 권리는 부모의 직업이나 학력의 영향을 받지 않는다.

유아교육의 목표와 시행 방식은 유아교육에 관한 법률에 명시되어 있다. 이 법률에 따르면 모든 지방자치단체는 어린이들을 위한 유아교육을 제공해야 하는데, 부모가 자녀의 그 혜택을 받을지에 대한 여부를 직접 결정한다. 2023년 핀란드에서는 3~5세 어린이의 90%, 3세 미만 어린이의 42%가 유아교육을 받았다. 일부 지방자치단체는 가족에게 무상 유아교육을 제공하지만, 일반적으로는 부모의 소득, 가족 규모, 자녀가 유아교육에 보내는 시간을 기준으로 자녀의 유아교육 비용을 지불한다.

1970년대 초, 내가 유치원 다닐 때 핀란드에서 최초로 아동보육법이 통과되었다. 이 법 덕분에 직장생활을 하는 부모의 자녀를 위해 지자체에서 운영하는 보육 시설이 더욱 보편화되었다. 당시 어린이를 위한 보육 시설은 여성의 동등한 직장생활 참여를 장려했다.

나는 어렸을 때 어린이집에 다니지 않았지만 나중에 유아교육과 그 다양한 형태, 즉 어린이집, 가정 어린이집, 어린이 클럽과 같은 개방형 유아교육을 숙지하게 되었다. 나의 아이들은 아주 어릴 때부터 어린이집에 다녔다, 특히 막내는 생후 10개월부터 6세까지 다녔다. 그리고 나는 15년 넘게 유치원 교사로 일한 경력을 바탕으로 유아교육 인력을 양성하고 다양한 프로젝트를 통해 유아교육 관련 미디어 교육과 디지털 교육을 개발하는 일을 시작했다. 한편 핀란드에서는 나처럼 오랫동안 직장 생활을 한 사람이 관심 있는 분야를 공부하기 위해 대학으로 돌아가는 경우가 드물지 않다.

이 글에서는 아이들의 흥미와 놀이를 바탕으로 한 핀란드 유아교육에 대해 이야기하고자 한다. 세계에서 가장 행복한 국가로 평가받는 국가의 평생 학습 경로에서 유아교육이 그토록 중요한 부분인 이유는 무엇일까?

놀이와 유아 중심 탐구 활동

핀란드 유아교육에서는 놀이가 아동의 발달과 학습에 매우 중요하게 간주된다. 어린이집의 일정에는 놀이 중심의 각종 활동 외에도 실내와 실외에서 아이들이 스스로 놀 수 있는 충분한 공간과 시간이 마련되어 있다. 핀란드 어린이집의 아이들은 보통 하루에 두 번, 한 번에 약 한 시간 반이나 두 시간 동안 밖에 나가서 놀아야 한다. 야외 놀이는 사시사철 날씨와 상관없이 진행되지만, 한겨울 심한 서리나 한여름 무더위 속에서는 야외 놀이 시간이 크게 줄어든다. 많은 어린이집에서 겨울철 영하 15°C로 떨어지는 기온에서는 실외 놀이를 실내 놀이로 대체한다.

어린이집에서 매일 아이들이 날씨와 야외 활동에 적합한 옷을 갖춰 입을 수 있도록 하는 것은 부모의 몫이다. 핀란드의 가을 날씨는 비가 자주 내리고 습하기 일쑤인데 아이들이 놀기에 적합한 옷은 방수복과 방수장갑이다. 때때로 아이들은 물론이고 교사들도 방수복을 챙겨 덧입혀 주는 것이 귀찮다. 다행히도 날씨에 맞춰 옷을 무장해서 입으면 마음껏 자유롭게 물웅덩이에서 놀고, 진흙놀이를 하며, 놀이터의 젖은 땅에서 기어 다닐 수 있기에 방수복을 입는 번거로움은 이내 잊어 버린다. 나는 유치원 교사로 일할 때 가끔 아이들과 함께 비 오는 날 나가서 비를 즐기고, 근처의 모든 물웅덩이를 뛰어다니며 물방울이 어떻게 튀는지 탐험했다. 물론 나도 방수복을 입고 있었다.

핀란드에서는 유아교육이 아동의 바람직한 성장, 발달, 학습을 총체적으로 촉진하는 놀이와 활동에 기반을 두고 있다. 그래서 유아교육은 교육학에 중점을 둔 계획적이고 목표 지향적인 교육, 교수 및 보육 시스템이다. 핀란드 유아교육은 특히 어린이의 사회성(즉 감정적, 상호작용적 측면)과 창의성, 신체 활동을 지원하는 것을 목표로 하며, 이를 통해 향후 교육을 위한 튼튼한 기반을 마련한다. 이 초기 교육 단계에서는 정적인 지식 전달 형식의 학습에 집중하기보다는 놀이, 체험, 탐구, 창의적 활동을 통해 아이들이 그룹으로 활동함으로써 문제를 해결하며, 다른 사람을 존중하고, 자신의 생각을 표현할 수 있도록 가르친다.

어린이집에서는 어린이의 교육 활동을 항상 교육자 팀이 계획하고 수행하는데, 그중 최소 한 명은 교사 자격증을 보유해야 한다. 영유아교육 책임 교사들은 학사 학위를 취득한 자들이다.

학부를 마친 후 원한다면 어린이집 원장 자격을 갖추기 위해 교육학 석사학위 과정으로 진학할 수도 있다. 핀란드 법에 따르면 이러한 교육자 팀의 다른 멤버들도 해당 직무에 필요한 교육을 받아야 한다. 또한 어린이집에는 성장이나 학습에 특별한 지원이 필요한 아동이 있는 경우 보조 인력이 고용될 수 있다.

유아교육 종사자들은 아이들의 행동과 관심사를 면밀히 관찰한다. 어린이집의 교육은 유아교육을 위한 국가 핵심 교육과정에 기초를 두며, 각 개별 지역 및 아동 특화 계획에 따라 실행된다. 이 계획들은 어린이집의 아이들에게 어떤 활동을 제공해야 하는지를 더 자세히 설명한다.

교사는 아이들의 태도를 관찰한 바와 교육 목표를 바탕으로 팀과 협력하여 어떻게 아이들에게 동기심을 부여하고 아이들의 교육 활동을 개발할지 계획한다. 아이들은 독립적이고 창의적으로 행동하도록 독려된다. 핀란드에서는 모든 아동을 개별적인 존재로 보고 각 아동의 필요와 발달 단계에 맞는 활동을 제공하기 위해 노력한다.

야외 활동을 위한 방수복

아이들은 자율주행 배달 로봇에 흥미가 많아서 직접 로봇으로 주문을 해보고 싶어 했다. 그래서 교사들은 아이들의 아이디어를 받아들여 '로봇 어드벤처'를 기획하기로 결정한다. 교사는 아이들의 도움으로 쇼핑 앱을 통해 아이스크림을 주문한다. 그들은 주문서에 쓸 내역과 아이스크림이 배달될 어린이집 주소를 함께 이야기한다. 주문이 완료되면, 아이들과 교사는 함께 슈퍼마켓에 가서 주문이 어떻게 처리되고 아이스크림이 로봇에 실려 어린이집으로 어떻게 보내지는지 보기 위해 함께 마트로 향한다.

위에 언급한 로봇 체험과 같은 활동을 계획하고 실천하는 것이 핀란드 유아교육의 특징이다. 이와 같은 방식으로 아이들은 흥미로운 물체들과 현상들을 함께 탐구한다. 이러한 활동은 종종 하루나 이틀, 몇 주, 때로는 더 길게 진행되는 작은 프로젝트로 이어진다. 아이들이 산수를 하거나, 글자를 배우거나, 특정 기술을 익히거나, 신체 활동을 하도록 별도의 시간을 가지는 대신, 이 '로봇 어드벤처'와 같은 활동을 통해 거의 눈치채지 못하는 사이에 이상의 모든 요소들을 함께 자연스레 익힐 수 있다.

디지털 시대의 유아교육

어린이집에서 보내는 아이들의 하루는 대체로 꽤 길다. 대부분의 아이들은 부모가 직장 생활을 하기 때문에 이른 아침에 등원하는데 오전 6시경 도착하는 아이들도 있다. 아이들은 하나하나 빠짐없이 환영의 인사를 받는다. 교사가 포옹으로 맞아주고 오전 활동으로 무엇을 하는지 이야기한다. 아이가 등원할 때 교사나 보육사가 부모와 아이에 대한 중요한 메시지를 주고받으며, 어린이집의 전자 출결 시스템에 휴대폰으로 아이의 등원 시간을 기록한다.

부모들은 아침에 아이들을 어린이집에 데려다주고 오후에 데리러 간다. 이러한 도착과 픽업 시간은 부모와 어린이집 교원 간의 협력과 상호작용이 이루어지는 중요한 순간이다. 아이들, 어린이집 교사들, 그리고 부모들 사이의 교류는 대체로 매우 우호적이고 친밀하다. 그리고 아이들과 모든 교사들이 서로를 이름으로 부르는 것이 일반적인 핀란드 문화이다.

4살 밀라와 나시마, 야레는 자율주행 배달 로봇이 운반할 아이스크림을 냉동고에서 꺼내는 슈퍼마켓 직원을 잔뜩 기대하며 따라간다. 아이스크림 패키지가 로봇에 적재되고 로봇이 배달을 위해 활성화되면 아이들은 태블릿 기기로 사진을 찍는다. 아이들은 로봇이 어린이집까지 가는 여정을 자세히 사진으로 찍는다. 아이들이 찍는 사진들 덕분에 '로봇 어드벤처'에 대해 나중에 부모님과 다른 아이들에게 쉽게 이야기해 줄 수 있다. 사진을 보는 것은 아이들이 장차 자신만의 로봇을 개발하고 제작하는 데에도 영감을 주게 될 것이다.

핀란드 유아교육의 중심에 연 2회 각 아동의 부모와 함께하는 교육 토론이 있다. 이러한 토론에서 부모와 교사는 아이의 강점과 관심사에 대해 이야기하고 어린이집에서 아이의 좋은 성장과 학습을 지원할 목표와 실천에 대해 합의한다. 많은 핀란드

어린이집에서 부모는 그 내부에서만 공유되는 블로그, 문자 서비스 또는 유아교육 포털과 같은 온라인 채널을 통해 아이들의 활동뿐 아니라 어린이집의 새로운 소식도 확인할 수 있다.

교육의 기록화 활동은 오늘날 핀란드 유아교육의 중요한 업무 방식이다. 즉 그림 그리기, 사진 및 영상 촬영, 내레이션, 오디오 녹음을 통해 아이들과 함께 일상 활동을 기록하는 것을 의미한다. 이후, 아이들이 찍은 사진, 그림, 녹음, 비디오와 기타 결과물을 함께 살펴보고, 무엇을 했는지, 그리고 아이들이 앞으로 무엇을 하고 싶어하는지에 대해 논의한다. 함께 한 활동은 이러한 자료를 통해 부모에게도 전달된다. 이렇게 하여 아이들과 부모 모두 어린이집 활동의 계획과 평가에 참여한다.

나는 유치원에서 일할 때 아이들과 함께 단체 신문을 두어 번 만들기도 했다. 신문을 통해 아이들은 유치원에서의 일상과 그룹 활동 중 기억에 남는 좋은 일들을 이야기하고 나누었다. 아이들은 신문을 만드는 과정 중 기자 역할을 하면서 신문 제작 방법을 배우고 다양한 미디어 활용 능력을 연습했다. 그렇게 직접 만든 신문은 한동안 아이들이 가장 좋아하는 읽기 활동이 되었다.

여러 환경에서 이루어지는 다채로운 활동

핀란드는 양질의 변함없는 미디어 교육이 세계적으로 유명하다. 미디어 리터러시, 디지털 역량, 문제 해결 사고력은 어릴 때부터 연습된다. 이를 실현하는 교육 목표는 교육과정에 명시되어 있으며 모든 성장과 교육의 일부로서 포괄적인 방식으로 시행된다. 어린이집에서는 미디어와 생활 속의 테크놀로지를 아이들과 함께 관찰하고 일상의 다양한 상황과 여러 학습 영역에서 자연스럽고 적절한 방식으로 활용한다.

야외에서 함께 놀며 배우는 아이들

아이들과 함께 손을 씻을 때 자동 수도꼭지가 어떻게 작동하는지, 어두운 방에 들어갔을 때 불이 어떻게 자동으로 켜지는지 등을 같이 이야기해 보고, 야외 놀이 활동을 위해 옷을 입을 때는 아이들이 올바른 순서대로 옷을 입으면서, 만약 다른 순서로 옷을 입으면 어떻게 될지 함께 생각해 본다. 이렇게 하면 아이들은 나중에 코딩에 필요할 사고력을 배울 수 있다.

숲속에서 놀며 배우는 아이들

자연 속에서 돌아다니고 주변환경을 탐험하며 지속 가능한 생활 방식을 장려하는 것도 핀란드 유아교육의 중요한 부분이다. 일부 어린이집은 '숲 그룹' 반이 따로 있어서 하루종일을 자연에서 보내기도 한다. 아이들은 어린이집에 가서 아침을 먹은 후 숲으로 이동한다. 숲에서 활기차게 놀고, 숲속의 자연이 제공하는 도구로 뭔가를 그리고 만들며 신선한 야외 공기 속에서 학습한다. 태블릿에 연결할 수 있는 현미경과 소리를 녹음하거나 이야기를 만들 수 있는 앱과 같은 디지털 도구는 아이들의 창의적인 표현과 자연 탐구를 풍부하게 한다.

탐구 놀이, 창의성, 다양한 신체 활동 외에도 핀란드 유아교육은 언어 학습과 의사소통적 상호작용을 중시한다. 오늘날 핀란드의 어린이집은 매우 다중언어적이고 다문화적인 경우가 많다. 특히 수도권 지역에서는 많은 아이들이 모국어로 핀란드어가 아닌 다른 언어를 사용한다. 이러한 까닭에 어린이집에서는 일상의 매순간 모든 수단을 동원해 아이들의 말하기 및 생각 표현하기와 상호작용을 지원한다.

자율주행 배달 로봇에서 아이디어를 얻은 밀라, 나시마, 야레는 어린이집에서 자신들만의 로봇 놀이를 한다. 아이들은 어린이집의 꾸보(Kubo) 로봇에 코드를 입력하여 작은 물건을 한 곳에서 다른 곳으로 운반한다. 다른 아이들은 유아용 카트를 배달 로봇으로 삼아 끈으로 끌며 복도 한쪽 끝에 있는 가게에서 다른 쪽 끝에 있는 집으로 옮기는 놀이를 한다. 나중에 아이들이 야외에서 놀고 있을 때 교사는 아이들 모두에게 짝을 지어 '친구 로봇' 놀이를 하도록 격려한다. 한 아이는 로봇이 되고 다른 아이는 프로그래머가 되어 로봇의 등이나 어깨를 건드리는 터치 명령으로 로봇에게 움직일 지시를 준다. 아이들의 즐거운 목소리와 웃음이 로봇놀이 시간에 울려 퍼진다.

배달 로봇 놀이

어린이집의 하루 일정에는 세 끼 식사, 배움의 활동, 야외 활동은 물론 아이들의 자유 놀이 시간도 상당히 포함된다. 아침, 점심, 간식 시간과 아이들의 낮잠 시간은 하루 활동의 리듬을 결정한다.

핀란드의 유아교육은 아이들이 중심이며, 아이들의 놀이와 탐구 활동에 강하게 기반을 둔다. 학교처럼 아이들의 학습과 활동을 평가하지 않으며, 영유아교육에서의 목표와 평가는 교사들의 활동에 초점을 맞춘다. 이는 모든 아이에게 각자 필요한 기반과 좋은 성장 및 학습 기회를 제공해야 하기 때문이다. 핀란드의 유아교육은 아이들의 놀이와 탐구 활동에 중점을 두고 아이들이 배우는 속도에 맞춰 진행된다. 유아교육에서는 그 목표와 평가가 교육 활동과 교육자의 성과에 초점을 맞추고 있기 때문에 아이들의 학습과 활동은 학교와 같은 방식으로 평가되지 않는다. 각각의 아이에게 바람직한 성장과 학습을 위해 필요한 초석과 기회를 제공해야 한다.

핀란드 유아교육의 목표는 모든 어린이에게 이상적인 어린 시절과 성장 및 학습의 길로 나아가는 첫걸음을 위한 동등한 기회를 제공하는 것이다. 이는 어린이, 학부모, 유아교육 전문가들 간의 긴밀한 일상적인 협력과 상호작용을 통해 달성된다.

개인의 공간과 자유를 존중하는 문화

2장

가족을 품은 사회, 사회를 품은 개인

핀란드 사회는 출산·육아 제도와 개인의 삶의 방식을 존중하는 문화를 토대로 한다. 가족과 사회 제도가 어떻게 행복에 기여하는지 들여다본다.

행복한 나라의 출산율

노라 알랑코 _ Noora Alanko

만약 자녀를 가질 계획이 있고
그들을 키울 만한 특정 국가를
물색하고 있다면, 핀란드는 꽤
괜찮은 선택이라고 할 수 있겠다.

나는 어린 시절이 매우 행복했던 것으로 기억한다. 성년이 된 지금 사회 통념상 가정을 이루고 아이를 갖는 것에 대해 생각할 나이가 되었다. 하지만 아이를 가지게 될지 확신이 서지 않는다. "핀란드에 태어나는 것이 복권에 당첨된 것과 같다"는 속담이 말하듯 핀란드가 행복한 나라라는 자부심에도 불구하고 핀란드의 출산율은 매년 감소하고 있으며, 첫 아이를 낳는 여성의 평균 연령은 점점 높아지고 있다. 세계 행복 보고서(World Happiness Report)에 의해 핀란드가 8년 연속 세계에서 가장 행복한 나라로 선정되었지만, 전 세계적으로 나타나고 있는 출산율 감소의 현재 추세로부터 핀란드 역시 안전하지 않다. 2024년 핀란드의 출산율은 1.25였다.[1] 이런 추세를 극복하기 위해 핀란드 정부가 출산을 장려하는 방법 중에 다음과 같은 정책들이 있다.

출산과 수당

출산 수당은 1937년에 만들어진 핀란드의 발명품과 같은 복

---

1 Tilastokeskus. Suomen ennakkoväkiluku oli 5 611 934 maaliskuun 2024 lopussa. https://stat.fi/julkaisu/clmj14guj67nx0bvxu5cdgi3a. Last accessed 17.2.2025.

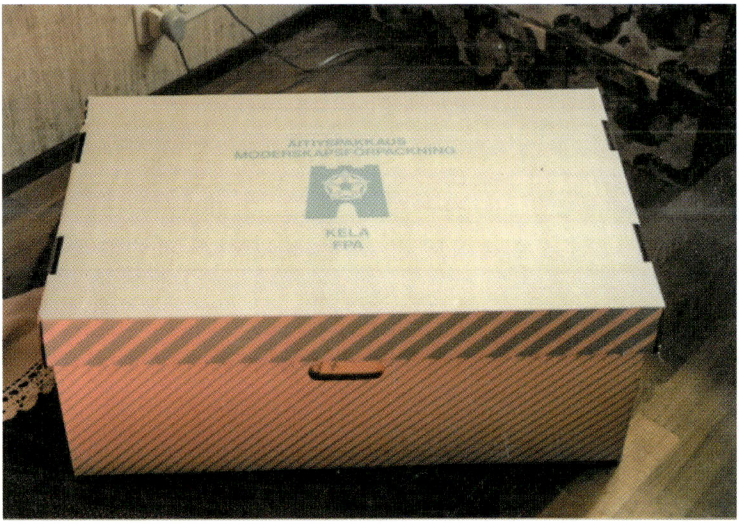

어머니가 받은 출산 패키지
(가족 사진 앨범, Sanna Kavén-Alanko 촬영)

지제도로써 가족들이 신생아와 함께 인생의 새로운 장을 조금 더 쉽게 시작할 수 있도록 수립된 정책이다.[2] 하지만 모든 가족이 빈부에 관계없이 혜택을 받게 된 것은 1949년부터이다. 이 수당은 핀란드 국가 보험 기관인 Kela에서 출산 예정일 전에 산모에게 지급된다. 또한 친자를 낳지 않더라도, 즉 아이를 입양한 사람에게도 지급된다. 한편 아이를 낳는 산모는 출산 패키지 또는 현금 수당 중에서 선택할 수 있다. 출산을 처음 경험하는 거의 모든 산모가 현금 수당 대신 출산 패키지를 선택한다.[3]

2 Kansaneläkelaitos. Äitiysavustuksen historia. https://www.kela.fi/aitiysavustus-historia. Last accessed 7.1.2025.

3 Kansaneläkelaitos. Äitiyspakkaus tai rahasumma. https://www.

가로 47cm, 세로 75cm, 그리고 높이 66cm 크기의 출산 패키지는 아기 옷, 그림책, 육아정보 책자, 기저귀와 같은 아기 용품, 엄마를 위한 건강 관리 용품, 아기 싸개용 침낭 등이 들어 있는 상자이다. 게다가 상자 자체는 출산에 필요한 물건을 포장하는 용도만 있는 것이 아니라 아기를 그 안에 재울 수 있도록 고안되어 있다. 사실 대부분의 핀란드 아기는 첫날 밤을 그 상자 안에서 잔다. 출산 패키지 상자는 신생아를 위한 침대처럼 설계되어 있어서 부드러운 폼 매트리스가 깔려 있다. 아기 용품의 패턴과 소재 등은 매년 개선되지만, 그 항목은 수년 동안 거의 동일하게 유지되어 왔다. 출산 패키지 상자는 자녀 양육 비용을 절약하는 데 도움이 된다. 오늘날 출산 패키지는 60여 개국에서 제공되는 것으로 알고 있는데 그중 일부는 핀란드에서 아이디어를 얻은 것으로 전해진다. 그 예로 스코틀랜드에서도 출산에 대비해 공급되는 아기 용품이 핀란드와 비슷한 유형의 골판지 상자에 포장된다.[4] 출산 패키지 대신 현금 혜택을 선택하는 것은 일반적으로 이전에 이미 출생한 자녀가 있어서 아기 옷을 물려 받아 사용할 수 있는 경우이다. 또한 벼룩시장에서 헌옷을 구매하고 자연을 보호하기 위해 물건을 재활용하는 추세는 최근 몇 년 동안 젊은 세대 사이에서 매우 활발하게 확산되고 있다.

---

kela.fi/aitiysavustus#aitiysavustuksen-toimitus. Last accessed 7.1.2025.

4 Uusitalo, Kaisa. *Äitiyspakkauksia jaetaan jo 60 maassa – tavarat voivat tulla laatikossa, pussissa tai vaikka* ämpärissä. Yle. 22.9.2022. https://yle.fi/a/3-11556989. Last accessed 7.1.2025.

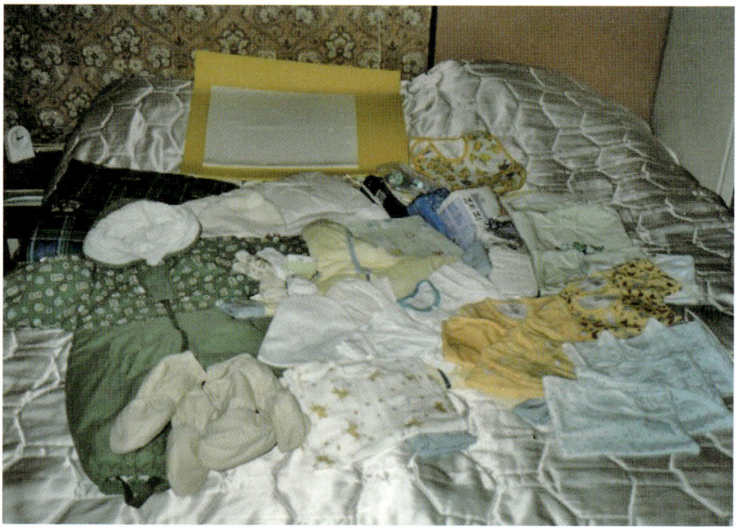

2002년 출산 패키지 내용물
(가족 사진앨범, Sanna Kavén-Alanko 촬영)

2024년 출산 패키지
(Elisa Hiidensalo 촬영)

핀란드에는 부모가 출산과 관련하여 받는 또 다른 복지제도가 있는데, 바로 자녀 수당이다. 핀란드의 부모는 아이가 17세가 될 때까지 매달 자녀 수당을 받는다. 자녀 수당은 온전히 비과세이다. 자녀 수당 금액은 자녀 수에 따라 증가하지만 다섯 번째 자녀까지만 해당된다. 즉, 아이가 하나일 때 자녀 수당은 94.88유로, 그리고 다섯 이상일 때 192.69유로가 된다.[5] 나의 개인적인 소견으로는 첫 번째 자녀에 대한 수당이 가장 많고 점차 감액이 되어 마지막 자녀에 대한 수당이 가장 적은 것은 꽤 합리적인 것 같다. 부모가 첫 번째 자식을 위해서는 모든 것을 새로 사야 하겠지만 마지막 자식은 먼저 출생한 자녀들의 헌옷, 유모차, 가구 등을 재활용할 수 있기 때문이다.

출산율 향상에 도움을 주는 또 다른 정책은 무료로 제공되는 아동 건강 클리닉 시스템이다. 이는 선택 사항으로 임산부가 원할 경우 건강 검진이나 상담을 받을 수 있는 제도이며, 출산 후에는 자녀가 학교에 입학할 때까지 전액 무료 건강 검진을 받을 수 있다.[6] 무료 서비스이기 때문에 차별 없이 누구나 이 혜택을 받고 있다. 또한, 아동 건강 클리닉은 핀란드의 영아 사망률

5 Kansaneläkelaitos. *Lapsilis*ä. https://www.kela.fi/lapsilisa Last accessed 10.1.2025.

6 Aunila, Seija. *Neuvola–järjestelm*ä *on kaikkien aikojen paras suomalainen keksint*ö. Yle. 4.6.2012. https://yle.fi/aihe/artikkeli/2012/04/27/neuvola-jarjestelma-kaikkien-aikojen-paras-suomalainen-keksinto Last accessed 10.1.2025.

감소에 큰 기여를 해왔다.

출산은 병원에서 하는 것이 일반적이지만, 최근에는 가정에서 출산하는 옵션도 미미하나마 트렌드가 되고 있다. 한편, 병원에서 출산하는 것이 불가능했던 과거 시절에는 사우나에서 아이를 낳곤 했다. 핀란드에서 아동 건강 클리닉은 무료이지만, 출산은 그렇지 않다. 그러나 그 비용은 대부분의 다른 나라들에 비해 훨씬 적다. 출산 비용은 산모가 병원에서 머무는 기간과 출산 과정의 차이에 따라 달라진다. 산모는 출산에 소요된 전체 비용을 지불할 필요가 없으며, 청구서는 대략 67유로에서 300유로 사이가 된다.

출산 관련 각종 휴직[7]: 출산, 육아, 부모 휴직

핀란드의 출산 휴직은 105일이며 일반적으로 출산 예정일 30일 전에 시작된다.[8] 아기의 아버지는 최대 54일까지 육아 휴직을 받을 수 있다. 산모의 출산 휴직과 같은 시기에 육아 휴직을 취할지, 아니면 전혀 다른 시기에 취할지를 선택할 수 있다.[7]

부모 휴직은 아이의 부와 모가 번갈아 가며 신청하기도 하

7 출산 휴직 : Äitiysvapaa; Maternity leave
육아 휴직 : Isyysvapaa; Paternity leave
부모 휴직 : Vanhempainvapaa; Parental leave

8 Työsuojelu.fi. *Äitiys–, isyys– ja vanhempainvapaa*. https://tyosuojelu.fi/tyosuhde/muut-vapaat-tyosta/perhevapaat/aitiys-isyys-ja-vanhempainvapaa Last accessed 12.12.2024.

고 부모 중 한쪽만 취하기도 한다. 전통적으로는 어머니가 이 휴직을 활용하는 경우가 많았지만, 최근에는 아버지가 자녀 양육에 보다 더 많은 관심을 가지고 책임을 분담할 수 있도록 어머니와 부모 휴직을 분배는 것에 대한 논의가 활발히 이루어지고 있다. 부모 휴직의 예를 들자면, 출산 후 직장으로 복귀했는데 갑자기 아이가 독감에 걸려 아프게 되면 부모 중 한 명은 자녀와 함께 집에 머물며 출근하지 않을 수 있다. 집에 머무는 부모는 최대 3일 동안 급여를 받을 수 있다.

한편, 사회적 남녀평등을 구현하기 위한 노력에도 불구하고 핀란드에서는 여전히 젊은 여성을 고용하기를 주저하는 고용주들이 있어 문제이다. 이들은 자신들의 일터에서 일하는 젊은 직장 여성이 임신할 것을 우려하고 있다. 핀란드에서는 면접 시 구직자에게 미래에 자녀를 가질 계획이 있는지 묻는 것이 불법이지만, 고용주들은 그럼에도 불구하고 특정 형식의 질문을 통해 그 답을 받아내는 방법을 알고 있다. 핀란드 정부가 남녀 모두에게 좀 더 평등한 구직 환경을 조성하기 위해 노력하고 있기는 하나 젊은 여성들은 여전히 젊은 남성들에 비해 구직 과정에서 많은 어려움을 겪고 있다. 이는 출산율이 감소하는 이유 중 하나로 이어진다. 그리고 이러한 현상은 핀란드뿐만 아니라 전 세계적으로도 마찬가지일 것이다. 대부분의 젊은이들은 먼저 안정적인 직장을 갖고 나서 가정을 꾸리기를 원하지만, 안정적인 수입이 있는 직장을 가질 때쯤이면 이미 연령이 30대에 접어 들어 자녀를 다수 출산하는 데 한계가 있다. 핀란드 정부는 여성이 좀 더 활발한 가임기에 가족을 형성할 수 있도록 돕는 한 방편으로 남성들이 더 많은 육아 휴직을 취할 수 있게 장려하고 있다. 이는 여성이 더 일찍 직장으로 복귀할 수 있도록 하고, 자녀를 갖는 것이 여성과 남성 모두의 고용주에게 동일한 직장 환경 및 의무를 조성하도록 하기 위함이다. 그러나 이를 위해 아직도 해결해야 할 사안들이 남아 있다. 현재로서는 어머니의 고용주가 여전히 아버지의 고용주보다 재정적으로 더 많은 타격을 받는다. 그 이유는 산모가 가장 짧은 기간의 출산 휴직을 신청한다 하더라도 3개월 동안은 일을 쉬어야 하며, 대부분의 고용 계약상 고용주는 산모의 출산 휴직 동안 급여를 지급해야 하기 때문이다. 핀란드의 사회복지기관인 Kela의 지원으로 고용주가 이를 지불할 수 있도록 돕게 되어 있지만, 고용주는 여전히 그 일부를 부담해야 한다. 반면에 아버지는 일반적으로 육아 휴직 동안 급여를 받지 않으며, Kela로부터만 정부 보조금을 받게 되어 고용주는 급여를 전혀 지불할 의무가 없다. 산모의 고용주가 이와 같은 책임을 별도로 지지 않도록 아버지의 고용주도 산모의 급여 지급을 돕는다면, 가임기의 젊은 여성을 고용하는 것이 더욱 평등해질 수 있을 것이다.

자녀 양육 수당

핀란드에서는 모든 어린이에게 0세부터 6세까지 유아교육이 제공된다. 적지 않은 비용이 들지만, 정부는 모든 가정이 이 혜택을 받을 수 있도록 노력하고 있다. 비용의 금액은 가족의 소득, 자녀의 수, 그리고 보육의 필요성에 따라 달라진다.[9] 경제적으로 어려운 가정의 경우, 유아교육에 대한 비용을 지불할 필요가 없다. 유아교육 자체는 의무 사항이 아니지만, 그중 하나인 취학 전 교육은 학교에 입학하기 위해 필수적이다. 취학 전 교육은 1년 동안 진행되며, 아이들은 6세가 되는 해에 이 과정을 거쳐 7세가 되는 해에 학교에 입학한다. 취학 전 교육은 의무 사항이기 때문에 완전히 무료로 제공된다. 모든 학습 자료가 무료로 제공되며, 식사도 무료로 제공된다. 또한, 아이의 집이 시설 기관에서 멀리 떨어져 있거나 가는 길이 편하지 않을 경우, 교통편도 무료로 제공된다.[10]

부모가 자녀를 일반 어린이집에 보내지 않고, 집에서 직접 돌보거나 사설 어린이집에 보내고 싶을 경우에는 자녀가 세 살이 될 때까지 가정 양육 수당을 받을 수 있다.

출산 기피 현상

나는 작은 마을에서 자라면서 평화로운 어린 시절을 보냈다. 핀란드에는 서울이나 뉴욕과 같은 대도시가 없다. 심지어

9 Opetushallitus. *Mitä on varhaiskasvatus?*. https://www.oph.fi/fi/koulutus-ja-tutkinnot/mita-varhaiskasvatus Last accessed 7.1.2025.

10 Opetushallitus. *Mitä on esiopetus?*. https://www.oph.fi/fi/koulutus-ja-tutkinnot/mita-esiopetus Last accessed .1.2025.

수도인 동시에 핀란드의 최대 도시인 헬싱키조차도 외국인들에게는 대도시로 보이지 않는다. 하지만 핀란드 사람들 대부분은 숲과 같이 자연에 매우 근접한 곳에서 자라서 어릴 때부터 자연 속에서 노는 것에 익숙하다. 자연 근처에서 산다는 것은 아이들이 어린 나이부터 자연과 그 속의 동식물을 이해하도록 가르침을 받는 것을 의미한다. 그리고 핀란드에는 호수가 많기 때문에 모든 아이들은 수영을 배워야 한다. 아이가 취학 전까지 수영을 배우지 못하면, 지방 정부에서 제공하는 무료 수영 학교에 다닐 수 있다. 그렇지만 아이들이 나이가 들면서 밖에서 노는 시간이 줄어들고 휴대폰을 가지고 실내에서 보내는 시간이 많아지면서 자연과의 유대감을 잃어가고 있다.

핀란드는 다른 북유럽 국가들처럼 비교적 안전한 나라이다. 어린 아이들이 혼자 학교에 걸어서 통학하거나 대중교통을 이용하는 것이 일반적이다. 그리고 부모들은 자녀가 친구들과 함께 공원에 나가서 놀다가 납치될 것을 두려워하지 않아도 된다. 심지어 아기가 잠들어 있는 유모차가 식료품점 밖에 놓여 있는 것도 볼 수 있다. 부모는 아무도 감시해 주시 않는 유모차를 슈퍼마켓이나 마트 밖에 세워 두고 식료품 쇼핑을 한다. 이 외에 매우 북유럽적인 습관 중 하나는 기온이 영하 20도가 되는 강추위에도 아기를 유모차에 태워 밖에서 재운다는 것이다.

핀란드에서 출산율이 감소하는 명확한 원인은 알 수 없다. 하지만 정부가 자녀 양육의 부담을 줄이기 위해 여러 가지 노력을 기울이고 있음에도 불구하고 그러한 현상이 나타나고 있

영하 20도에서도 밖에서 아기를 재우는 유모차
(가족 사진앨범, Sanna Kavén-Alanko 촬영)

다. 이러한 현상이 발생하는 원인에 대해 몇 가지 짐작해 볼 수는 있는데, 대부분의 경우 다른 나라들에서도 별로 다르지 않을 것 같다. 아마도 가장 우선되는 원인은 여성들이 성공적인 직장 경력을 쌓고 싶은데 자녀를 낳게 되면 그러한 직장생활을 추구하는 데 방해가 될 수 있다는 염려일 것이다. 또 다른 측면은 현대인들이 가정을 꾸리려는 계획을 너무 늦게 시작한다는 것이다. 현대인들은 자신의 삶에서 무엇을 하고 싶은지 선택하는 데 집중하다가 그럭저럭 직장생활에 어느 정도 정착할 즈음이면 이미 30대가 되어 버린다. 이때 비로소 여성들이 생물학적 시계를 의식하게 된다. 그들은 이미 너무 늦었다고 생각하여 자녀를 갖는 것을 완전히 포기하거나, 생물학적 시간이 부족하여 한두 명 정도의 자녀밖에 가질 수 없다고 느낀다. 또한 연인들

은 서로에 헌신할 준비가 덜 되어 있으며, 짧고 가벼운 관계가 일반적이 되어 가고 있다. 이렇듯 가정에 대한 헌신을 기피하는 태도가 만연해지면서 자녀를 갖는 것이 매우 큰 부담으로 느껴질 수 있다. 게다가 요즘의 청년들은 이전 세대보다 미래에 대한 신뢰가 적은 까닭에 전쟁과 불확실성, 그리고 지구 온난화가 가속화되는 세상에서 자녀를 갖는 것이 이들에게 좋은 계획으로 여겨지지 않는다. 이와 대조적으로 출산율 향상에 전혀 도움이 되지 않는 정부의 정책은 다수의 소규모 학교와 의료 센터를 폐쇄하고 비용을 절감하기 위해 더 큰 도시로 서비스를 집중시키려 한다는 점이다. 바로 이런 점이 작은 지방 마을에 사는 부부들이 자녀를 갖지 않는 이유 중 하나일 수 있는데, 그들은

지역 학교가 폐쇄될 것을 우려하고, 미래의 자녀가 학교에 가기 위해 100킬로미터나 되는 거리를 통학해야 하는 상황을 염려하지 않을 수 없기 때문이다.

원인이 무엇이 됐든 간에 핀란드의 출산율은 다른 많은 나라들과 마찬가지로 매년 감소하고 있다. 그러나 만약 자녀를 가질 계획이 있고 그들을 키울 만한 특정 국가를 물색하고 있다면, 핀란드는 꽤 괜찮은 선택이라고 할 수 있겠다.

개인 공간

알리사 마티카이넨 _ Alisa Matikainen

개인 공간은 내가 소중히
여기는 삶의 일부이며
나의 행복에 기여하고
다른 많은 핀란드인들에게도 그렇게
기여하는 요소라고 확신한다.

한국에서 교환학생으로 한 학기를 보낸 친구와 '개인 공간'이라는 주제에 대해 이야기를 나눈 적이 있는데 그 개념이 진정으로 문화마다 다르다는 것을 알게 되었다. 이 발견이 바로 이 글의 주제로 개인 공간을 선택한 이유 중 하나이다. 또한 개인 공간은 내가 소중히 여기는 삶의 일부이며 나의 행복에 기여하고 다른 많은 핀란드인들에게도 그렇게 기여하는 요소라고 확신한다.

생활 방식

핀란드는 인구가 국토 규모에 비해 매우 적다. 또한 국토 면적의 75%가 숲으로 덮여 있는데 이는 유럽 국가 중 가장 많은 숲을 보유하고 있는 비율이다.[1] 핀란드 사람들은 핀란드에서 가장 큰 도시인 헬싱키에서도 이런 공간을 소중히 여기는 것 같다. 헬싱키로 처음 이사했을 때 몹시 붐비는 지역에 1년 넘게 살았지만, 곧 자연에 더 가까운 더 차분한 동네를 원했기 때문에 도심에서 더 멀리 이사하고 싶다는 생각이 들었다. 헬싱키의 신

---

1 https://mmm.fi/metsat/suomen-metsavarat

핀란드의 아파트는 보통 5층 내외로 높지 않다.
아파트가 모여 있는 지역이지만 건물 사이에 넓은 공간이 확보되어 있다.

시가지인 깔라사따마(Kalasatama)처럼 새 건물이 매우 빽빽하게 지어진 지역에 대해서는 다양한 의견이 있다. 어떤 사람들은 종종 눈살을 찌푸리고 그곳에 사는 이들을 놀리기도 하지만, 물론 그곳을 좋아하는 사람들도 있다.

시골의 공동체는 무척 작을 수 있다. 집들이 듬성듬성 멀리 떨어져 있을 수 있지만, 그 지역의 인구가 적기 때문에 사람들은 서로를 꽤 잘 알고 지낸다. 또한 시골에서는 생활 방식이 더 전통적이고 집단적인 생활 방식에 더 가깝기도 하다. 따라서 사회적으로 사람들은 가까이 살수록 서로 더 멀어질 수 있으며, 반대로 멀리 살수록 서로 가까워질 수 있는 것 같다. 때때로 도시의 아파트 복도에서 이웃들이 서로 인사조차 하지 않는 경우가 있는 반면, 시골에서는 지나가는 모든 사람에게 인사하는 것이 일반적이다. 사람들이 충분한 개인 공간을 가지는 것이 물리적으로 불가능하다면 사회적으로 갈망될 수 있다고 생각한다.

집 주변 환경은 대부분의 사람들에게 중요하게 여겨진다. 핀란드에서는 많은 사람들이 자연과 가까이 사는 것이 중요하다고 생각하는 경향이 있다. 어린 시절을 보낸 고향 집에는 숲으로 바로 이어지는 넓은 뒷마당이 있는데, 핀란드 사람들은 일반적으로 그런 주변 환경을 높이 평가한다. 그리고 일상생활에서 자연을 누릴 수 있고 하이킹을 하기 위해 일부러 여행갈 필요가 없다면 편리하다고 생각한다. 그래서 일반적으로 마당이 있는 단독주택이 선호되고 있다. 또한 핀란드 사람들은 자연을 만끽하려고 국립공원으로 여행을 가기도 한다. 최근 가족과 함께 꼴리(Koli) 국립공원에서 며칠을 보냈는데, 우리 가족만 그런 곳으로 여행가는 것은 아니다. 한편, 아파트 건물도 인기가 없

2024년 12월 가족 휴가 중, 꼴리 국립공원

지 않은데, 이는 짐작컨대 마당은 없어도 대개 그 주변에 숲이 있기 때문에 자연과 가까이 지내는 것이 부분적으로 보완될 수 있기 때문일 것이다.

핀란드에는 호아스(HOAS)라는 학생 아파트 제도가 있어서 원룸, 공유형, 가족형 등 다양한 유형의 아파트를 전국의 대학교 재학생들에게 비교적 저렴한 가격에 제공한다. 최근 들어 학생들 사이에서 원룸의 수요가 점점 더 증가하는 반면, 공동 생활을 하는 학생 아파트는 비어 있는 곳이 많다. 원룸은 대기자 수가 많은 탓에 배정을 기다리는 동안 공유형 아파트에 살아야 하는 경우도 있지만, 이는 원룸에 들어가기 전에 거치는 과정으로 여겨질 뿐이다. 또한 아파트를 공유했던 친구는 관계가 틀어져 절교에 이를 수도 있기 때문에 함께 살지 말라는 경고성 조언도 있다. 룸메이트와 함께 사는 것에 대한 인식이 얼마나 부정적인지 엿볼 수 있는 측면이다. '호아스'라는 학생 아파트 제도 탓인지 핀란드에는 대학교 기숙사가 없다. 따라서 원룸이 대학생들의 보편적인 주거 방식인 것 같다. 하지만 최근 정부는 학생들이 받는 정부 수당의 혜택을 적으나마 누릴 수 있도록 공유형 아파트 거주를 유도하고 있다. 정부는 학생들에게 주거 지원비를 제공하는데 그 금액은 임대료에 따라 달라지고 임대료의 약 70%를 충당한다. 그러나 주거 지원 금액에 한도가 있기 때문에 고액의 임대료를 지불하는 아파트에 거주할 경우 지원비의 비율이 줄어들 수밖에 없다. 최근 정부는 최대 지원 한도액을 줄이고 있기 때문에 학생들이 원룸 생활을 하기가 매우 어려워지고 있다. 이제는 임대료가 얼마든 상관없이 모든 학생에게 동일한 지원비를 지급하는 것으로 변경하고 있는데, 이는 최대치로 받을 수 있던 지원금보다 훨씬 적은 금액이다. 따라서 원룸보다 임대료가 훨씬 저렴한 까닭에 공유형 아파트에서 생활하는 것이 재정적인 측면에서 훨씬 더 유익하다.

호아스 아파트에서 보이는 전경

지하철역에서 호아스 아파트로 가는 길, 지하철역과도 가까우면서 자연의 풍경을 즐길 수 있다.

공공장소에서의 개인 공간

핀란드는 대부분의 공공장소에도 사람들이 많지 않아 별로 붐비지 않지만, 수도인 헬싱키에는 그런 현상이 존재한다. 예를 들어 출퇴근 시간 지하철은 제법 붐비는 편이다. 이 시간대에는 지하철 좌석에서 사람들이 옆으로 나란히 앉을 수밖에 없으나 혼잡하지 않으면 낯선 타인과 나란히 앉기보다 차라리 서 있는

쪽을 선호하는 경우가 흔하다. 또한 빈 좌석에 앉더라도 대각선 방향으로 자리를 잡고 서로 바로 맞은편에 앉는 것을 좋아하지 않는다. 다른 자리가 비어 있는데도 바로 내 옆이나 반대편에 누군가 와서 앉으면 짜증이 난다는 것을 깨닫게 되었는데, 이는 내가 핀란드 사람이기 때문인 것 같아 꽤 흥미롭다. 핀란드에서는 대부분 버스와 기차에서 나란히 앉는 것을 기피하며, 보통 나란히 있는 두 개의 좌석 중 하나의 자리만 잡아도 그 바로 옆자리 역시 동일한 한 사람이 차지하는 것으로 간주된다. 사실 나도 내 옆 좌석을 함께 예약했기 때문에 옆에 앉아 있는 승객이 없이 기차에서 이 글을 쓰고 있다. 핀란드에서는 약간의 추가 요금을 지불하면 한 사람이 옆 좌석도 함께 예약할 수 있는 기차 서비스가 있다. 이 옵션은 코로나 팬데믹 기간 중에 시행되었는데 감염 확산을 막기 위한 방편이었다. 하지만 핀란드 사람들이 이 옵션을 상당히 선호해서 코로나 이후 사회적 거리 두기가 해제된 후에도 계속 유지되고 있다. 각 열차 칸에는 외좌석이 있는데, 가장 먼저 예약이 완료된다. 이렇듯 외좌석의 인기가 치솟자 핀란드 기차 회사는 그 좌석에 추가 요금을 부과하기 시작했다. 이는 핀란드인들에 대해 많은 것을 시사한다고 생각한다. 또한 정류장에서 버스를 기다릴 때 핀란드인들은 서로 간에 다소 거리를 두는 것이 가능함에도 불구하고 한 지붕 아래 타인과 같이 있기보다 빗속에서조차 지붕 밖에서 멀리 떨어져 있는 밈을 본 적이 있을 것이다. 나도 이런 점에서 별다르지 않은 것 같아 마음이 좀 찔린다.

2025년 1월 헬싱키 도심에서 트램을 기다리는 사람들

지하철 안에서 대각선으로 마주 앉은 사람들

사람들 사이에 물리적으로 거리를 두는 현상은 대중교통뿐만 아니라 직장 구내식당, 헬스장 및 기타 공공장소에서도 마찬가지이다. 우리는 이러한 거리 두기가 너무 자연스럽기 때문에 보통은 크게 의식하지 못하지만, 누군가 개인 공간을 침범하면 분명하게 의식할 수 있다. 최근 여동생이 헬스장 러닝머신에서 운동하면서 경험한 이야기를 언급하자면, 그곳 대부분의 러닝머신이 비어 있었는데도 한 어르신이 동생 바로 옆에 있는 러닝머신에서 달리기를 시작했다. 여동생은 이 사실이 너무 생경스럽게 느껴져서 나에게 말해 주고자 했다. 그런데 자기 스스로가 이에 대해 내심 강한 거부감이 드는 것도 좀 웃겼다고 했다. 우리는 개인적인 공간에 대해 엄격한 면이 있지만, 이런 태도가 우리 스스로도 유머러스하다고 생각하는 경우가 많다. 또한 대중교통이나 구내식당 등에서 누군가 옆에 앉도록 의자에 올려 두었던 물건을 치우거나 자신의 의자를 옆 의자로부터 거리를 더 떨어뜨려 옮기는 등 배려할 때는 예의 바르고 사려 깊은 사람으로 여겨진다. 자신의 개인 공간이 소중하기 때문에 다른 사람에게 더 많은 개인 공간을 제공하는 것은 존중의 표시이다. 그러나 우리의 이런 행동이 상대방으로부터 더 멀리 떨어져 있고 싶은 것으로 보일 수 있어서 일부 문화권에서는 불쾌하게 여겨질 수 있을 것이다.

신체 접촉

핀란드에서는 로맨틱한 관계, 또는 어린 자녀와 부모 사이가 아니면 신체적 접촉이 그리 흔하지 않다. 누군가의 어깨를 다독이는 것과 같은 가벼운 접촉이 자연스럽지 않다. 그래도 만남이나 이별 시 하는 포옹은 친한 친구, 특히 여성들 사이에서 비교적 흔하게 볼 수 있다. 남성들 사이에서는 이런 행동이 자연스럽게 인식되지 않기 때문에 자주 볼 수 없다. 친구 간에 손을 잡고 다니는 것은 매우 드물며 대부분의 사람들을 불편하게 할 것이라고 생각한다. 또 인사할 때 포옹이나 뺨에 하는 키스가 일반적인 대부분의 다른 유럽 문화와 달리 핀란드인들 사이에서는 인사말만 하거나 손을 흔드는 것도 완벽하게 허용된다. 스승과 제자 사이의 접촉은 초등학교 교사와 어린 학생 사이를 제외하고는 부적절한 것으로 간주된다. 동시에 교사는 보통 성씨를 제외한 이름으로 불리우고 상당히 비격식적으로 대한다. 핀란드어에는 공손함의 지표가 많지 않기 때문에 정중함과 존중이 언어를 통해 전달되기보다는 신체적인 접촉 여부를 통해 전달될 수 있다. 이는 물론 지나치게 일반화된 나만의 사견이며, 이 외에도 다양한 요소가 예의 바르고 남을 존중하는 태도에 기여할 것이다.

사회적 개인 공간

핀란드인들은 종종 차가운 사람으로 인식되는데, 이는 우리가 자신의 일에만 신경 쓰고 낯선 사람들에게 미소를 짓거나 인사하는 등 쉽게 소통하지 않기 때문일 수 있다. 핀란드인은 일반적으로 낯선 사람들과 말이 없을 수 있으며, 의미 없는 표면적인 대화는 잘 하지도 않고 그런 것이 자연스럽지도 않다. 하지만 핀란드인을 제대로 알게 된 후에는 대개 충성스럽고 친절하며 따뜻한 사람이라고 묘사한다. 우리는 매우 솔직하고 진심만을 말하는 경향이 있기 때문에 표면적인 일상 대화가 어려울 수 있다. 핀란드인은 예의상 만나자는 형식적인 말 한마디에 달력을 보면서 약속을 잡자고 할 수도 있다. 이와 같이 우리는 모든 것을 진지하게 받아들이는 경향이 있는데, 이는 핀란드인의 전형적인 특징인 진실성과 진정성을 보여 주는 것 같다. 또한 주변에 알고 지내는 사람이나 친구의 수가 비교적 적을 수 있지만, 가깝고 소중한 사람들을 매우 감사하게 여기고 진심으로 잘 돌보는 편이다.

'자기 일에 충실하기'는 타인에 대한 배려와 존중의 표시이기도 하지만 긍정적이지 못한 면도 있다. 매우 개인주의적인 사고 방식에 근거하기 때문에 서로 큰 도움을 주고 받지 않을 수 있으며 타인의 문제에 거리를 두고 자신과 별개라고 치부할 수도 있다. 물론 사람마다 지역마다 큰 차이가 있다. 얼마 전 여동생이 경험한 바에 따르면 핀란드 중부의 작은 마을에서는 친구가 이사를 하면 모두 자발적으로 돕지만 헬싱키에서는 도와주는 경우가 거의 없다는 것이다. 그리고 조부모님이나 다른 어르신들로부터 들은 바에 따르면 세대가 지나면서 도움을 주는 문화도 바뀌었다. 이전에는 누군가의 개인적인 문제가 공동체 전체의 문제라고 생각하는 것이 매우 일반적이었다. 과거에는 지금과 같은 인적 물적 자원이 부족했기 때문에 상부상조하고 각종 자원봉사를 하는 것이 필연적이었을 것이다. 요즘도 여러 가지의 자원봉사가 있기는 하지만 이제 핀란드가 복지 국가이기 때문에 시민은 개인이 아닌 국가가 돌봐야 한다고 주장하는 자들도 있다.

핀란드에서 개개인 간에 물리적인 간격을 좁히고 사회적 거리 두기 공간을 줄이는 것은 어려운 일다. 왜냐하면 이러한 일은 누군가가 먼저 자발적으로 시작해야 하지만 그렇지 못한 것이 현실이기 때문이다. 또한 사회적으로 거리를 두는 개인 공간이 상당히 존중되기 때문에 이와 관련하여 변화를 시도하는 게 난제일 수 있다. 예를 들어, 핀란드에서는 누군가에게 전화하거나 찾아가는 것이 적절한 행동인지 판단하기 쉽지 않아 차라리 아무것도 안 할지도 모른다. 이는 분명히 외로움이나 부정적인 기분으로 이어질 수 있다. 특히 직장에 다니는 연령대는 직계 가족만을 일상 생활에서 상호작용하는 공동체로 간주하는 것이 일반적이다. 이 공동체에는 배우자와 자녀, 그리고 부모와 형제자매가 포함된다. 물론 동료와 친구도 있지만 가족이 삶의 주된 공동체인 것 같다. 따라서 가족이 없는 사람은 그토록 가깝게 삶을 나누는 공동체가 없다는 의미일 수도 있고 누군가의 '친밀한 공동체'의 일부가 아닐 수도 있겠다. 이 역시 지나치게 일반화한 내 개인의 소견이겠지만, 어쨌든 핀란드에 외로운 사람들이 꽤 많다는 것은 놀라운 일이 아니다.

개인 공간은 행복의 요소

대체적으로 사회적 거리 두기에 해당하는 개인 공간이 다수의 핀란드인들에게 매우 중요하다고 볼 수 있다. 우리는 많은 암묵적인 규칙을 따르고 있으며, 누군가가 이를 어기고 개인 공간을 침해하면 금방 의식하게 된다. 자신만의 공간에 대한 필요성은 생활 방식, 공공장소에서의 에티켓, 신체적 접촉 및 사회적 관계에 반영된다. 나는 넉넉한 개인 공간이 행복한 나라로 여겨지는 이유 중 하나가 될 수 있다고 생각한다. 왜냐하면 자연의 일부로 편안하게 쉴 수 있는 사회적 환경은 대부분의 사람들에게 중요하기 때문이다. 반면에 이로 인한 외로움이나 지나치게 강조되기 쉬운 개인주의는 주변 사람들을 적극적으로 도와주지 않고 배려하지 않는 문화로 이어지는 부정적인 영향을 미치기도 한다. 하지만 앞서 언급했듯이 이는 개개의 상황이나 경우에 따라 매우 상반된 태도로 나타나기도 한다. 따라서 핀란드에도 생활 방식이 상당히 집단적이고 서로서로를 돌보며 사는 사람들 역시 공존한다. 또한 자신의 개인 공간을 허용하는 사람들의 관계는 서로 매우 충성하는 경향이 있기 때문에 진정한 의미가 있으며, 이는 물론 사람들이 삶에 만족하는 방식에 기여한다. 누구나 개인 공간은 당연히 필요한 것이라고 생각하겠지만, 우리 핀란드 사람들에게는 극단적일 수도 있고 행복 수준을 낮추거나 높일 수 있는 힘이 있다.

눈, 숲, 호수, 그리고 사우나... 자연이 곧 삶의 얼굴

3장

늘
곁에 있는
자연

자연은 핀란드인의
일상 속에 살아 있다.
숲과 호수, 사우나와
얼음 수영, 사계절
스포츠가 그들의 삶에
깊이 스며 있다.

늘 자연과 함께

엘라 포흐요이스매키 _ Ella Pohjoismäki

핀란드에서는 계절만 바뀌는 것이 아니다. 하루의 일조량도 극심하게 바뀐다. 여름에는 밤이 거의 없다. 반대로 겨울에는 해가 비추는 낮이 거의 없다.

핀란드의 자연은 아름답기도 하지만 다양하기도 하다. 계절이 바뀜에 따라 풍경과 색상이 독특하게 바뀐다. 핀란드에는 뚜렷한 사계절이 있다. 봄은 3월에 시작하여 5월 중순에 끝난다. 춥고 긴 겨울이 지나고 기온이 천천히 상승한다. 눈이 녹으면서 땅이 진흙투성이가 되고 웅덩이가 생긴다. 나무에 다시 잎이 나기 시작하고 봄이 끝날 무렵에 비로소 꽃이 피어나기 시작한다. 여름은 6월, 7월, 8월이다. 기온은 하루 종일 섭씨 10도 이상으로 유지되며 낮에는 종종 30도에 가까워지기도 한다. 꽃이 만발하고 숲은 급속히 푸르게 변하면서 멋있어진다. 핀란드에서는 여름이 천둥과 번개의 계절이기도 하다. 때로는 한여름에 우박이 내리기도 한다. 가을은 9월부터 11월까지이다. 기온이 떨어지고 매일 낮 길이가 현격히 줄어든다. 나뭇잎이 색을 바꾸고 숲은 다

우리 가족의 일부인 강아지 릴리(2022. 8. 2.)
조부모님이 거주하시는 라뿌아(Lapua)는
핀란드 서부에 위치해 있는데
평지를 이루고 있어 봄에 눈이 녹으면
강이 범람하는 경우가 많다.

채로운 경이로움의 현장이 된다. 가을 끝무렵에 시든 낙엽이 땅에 떨어지면서 거리는 다소 미끄러워지고 진흙투성이가 된다. 12월에는 겨울이 문을 두드린다. 겨울에는 기온이 지속적으로 영하로 유지된다. 그리고 영하 30도까지 떨어지는 것은 예외가 아니다. 일반적으로 눈이 많이 내리고 지역에 따라 2월 말까지 지면이 눈으로 덮여 하얗게 유지되기도 한다. 눈과 얼음이 길거리를 미끄럽게 만들기 때문에 겨울 날씨에 맞는 신발이 필요하다. 그러나 핀란드는 일기 변화가 급격해서 날씨와 기온이 다소 예측할 수 없다는 점에 유의할 필요가 있다. 아마도 기후 온난화의 영향 때문일 것이다. 어린 시절부터 지금까지 매년 눈이 점점 적게 내리고 있다.

핀란드에서는 계절만 바뀌는 것이 아니다. 하루의 일조량도 극심하게 바뀐다. 여름에는 밤이 거의 없다. 반대로 겨울에는 해가 비추는 낮이 거의 없다. 핀란드 여름철의 백야는 누구나 다 잘 알 것이다. 여름철 북유럽에서는 태양이 24시간 떠 있다. 핀란드어로 이 현상을 밤이 없는 밤(yötön yö)이라고 한다. 그러나 이에 대한 반대 현상도 있다. 핀란드 북부 지방인 라플란드의 겨울에는 태양이 전혀 뜨지 않는 기간이 있다. 이 기간은 가장 북쪽 지역에서 더 길게

솥 구멍
Raimo Miettinen, 2006, 퍼블릭 도메인

나타나서 최대 52일까지도 지속될 수 있지만 남부 라플란드에서는 단지 며칠 정도밖에 되지 않는다.[1] 태양이 지평선 위로 떠오르지 않는 이 현상을 핀란드어로 까아모스(kaamos), 즉 극야라고 한다.

핀란드 자연의 또 다른 특징은 국토가 평평하다는 것이다. 핀란드에는 높은 산이 없고 고도 차이가 별로 나지 않는다. 이는 가장 최근의 빙하기가 지나는 동안 핀란드 땅덩어리가 상당 기간 두꺼운 얼음층 아래에 깔려 있었기 때문이다.[2] 그 결과 핀란드 자연 속에서 여전히 빙하기의 흔적을 찾을 수 있는데, 불규칙한 바위(hiidenkivi 또는 siirtolohkare), 솥 구멍(hiidenkirnu) 등이 그러하다. 빙하기를 거치면서 핀란드의 자연에 나타난 특성이라고 할 수 있다.[3] 그리

불규칙한 바위 Pasi Pohjoismäki, 2025

1 Visit Sodankylä. n.d. Kaamos. https://www.visitsodankyla.fi/pohjoisen-luonto/kaamos/. Accessed Jan 11, 2025.

2 tKoivula, Hannu. n.d. Maannousu. Maanmittauslaitos. https://www.maanmittauslaitos.fi/tutkimus/teematietoa/maannousu. Accessed Jan 8, 2025

3 tKaiva. n.d. Maaperän erityispiirteet. https://kaiva.fi/geologia/suomen-maapera/maaperan-erityispiirteet/. Accessed Jan 8, 2025.

고 지금은 보너스처럼 땅덩어리가 확장되고 있다. 국토가 보스니아 만을 따라 문자 그대로 바다에서 솟아오르고 있다. 이 지역의 땅은 100m 더 높아질 가능성이 있는데, 연간 융기량은 밀리미터 단위로 측정된다.

산이 부재하는 단점은 나무, 습지, 내륙수 등으로 메운다. 핀란드는 육지의 75% 이상이 삼림으로 덮여 있다.[4] 핀란드 삼림에서 가장 흔히 발견되는 나무는 자작나무, 오리나무, 아스펜과 같은 활엽수이고, 침엽수로는 가문비나무와 소나무가 있다. 그리고 육지의 28%는 다양한 종류의 습지이다.[5] 핀란드가 '천 개의 호수의 땅'이라는 말을 들어봤을 것이다. 그런데 사실은 그보다 훨씬 더 많다. 면적이 최소 500m^{2}인 호수가 16만 8천 개 있다.[6] 호수, 강, 작은 연못 등 모든 내륙수를 합치면 핀란드 총 면적의 약 8%에 이른다.[7]

핀란드인들 대부분은 자기 나라의 아름다우면서도 다채로운 자연을 좋아한다. 핀란드에서는 '영혼은 자연에 안식한다

---

4 tMaa- ja metsätalousministeriö. n.d. Suomen metsävarat. https://mmm.fi/metsat/suomen-metsavarat. Accessed Seb 22, 2024.

5 tLuonnontila. n.d. Suot. https://luonnontila.fi/indikaattorit-elinymparistoittain/suot/. Accessed Seb 22, 2024.

6 tPölkki, Minna. 2019. Suomen tarkka järvimäärä on vihdoin laskettu: Tuhansien järvien maa muodostuu 168 000 järvestä. Helsingin Sanomat.

7 tLuonnontila. n.d. Sisävedet. https://luonnontila.fi/indikaattorit-elinymparistoittain/sisavedet/. Accessed Seb 22, 2024.

(Luonnossa sielu lepää)'라는 말이 있다. 아마도 바로 이런 정서가 우리를 도시의 소음에서 벗어나 자연의 고요함으로 이끌어 주는 것 같다.

이어서 핀란드의 자연에서 즐길 수 있는 몇 가지 야외 활동과 운동을 소개하고자 한다. 보통의 핀란드 사람들이 모두 즐기는 것들이다.

자연 속에서 즐기는 운동

대부분의 핀란드 숲은 사유지이다. 그럼에도 불구하고 누구나 숲을 제한없이 즐길 수 있다. 숲의 소유주가 누구이든 상관없이 어디에서나 걷고, 달리고, 자전거를 타고, 열매나 버섯을 채취할 수 있다. 이는 '모든 사람의 권리(jokaisenoikeudet)'라고 불리는 법률에 의해 가능해졌다. 이 법률이 제정되기 전에는 '모든 남자의 권리(jokamiehenoikeudet)'가 있었다.[8] 이러한 권리에는 책임도 따른다. 예를 들어, 숲에 쓰레기를 남기지 않고 어떤 형태로든 환경에 해를 끼치지 않는 것이 그 책임이다. 이처럼 자연은 모든 사람에게 권리와 책임을 동시에 부여한다.

핀란드 사람들은 주로 단단한 아스팔트 포장도로보다는 숲에서 산책이나 달리기를 하는 것을 선호한다. 각 도시마다 숲길

---

8 tYmpäristöministeriö. n.d. Jokaisenoikeudet. https://ym.fi/jokaise-noikeudet. Accessed Jan 11, 2025.

을 따라 달리기 트랙이 적어도 하나쯤은 있을 것이라고 생각한다. 숲길의 달리기 트랙은 큼직한 톱밥, 모래 또는 자갈이 깔린 경로로 수 킬로미터에 달하여 숲을 통과하는 루프이다. 이 트랙은 비교적 평평한 길과 같아서 누구나 자연의 냄새와 소리에 둘러싸여 운동을 즐길 수 있다. 자전거도 이 트랙을 달릴 수 있으며, 말을 타는 사람도 몇 명 본 적이 있다. 이 트랙에서 즐길 수 있는 또 다른 형태의 운동은 노르딕 워킹(sauvakävely)이다. 노르딕 워킹은 핀란드의 발명품이다. 긴 막대기를 이용하여 걷기 때문에 손과 다리를 크게 움직일 수밖에 없으므로 일반적인 걷기를 더욱 강렬한 전신 운동으로 바꾼다.

이 숲길 트랙을 따라 모닥불을 피울 수 있는 공용 장소도 설

숲속에서 모닥불을 피울 수 있는 쉼터. 최근에 훨씬 크게 지어진 곳들도 있지만 위 사진은 전통적인 형태의 것이다. 2023, 퍼블릭 도메인

비되어 있다. 이 공용 장소는 악천후를 잠시 피하고 앉아서 쉴 수 있는 공간을 제공한다. 산불 경보가 발령되지 않는 한 이와 같은 공용 장소에서 음식을 익혀 먹을 수도 있다.

고향 옘사에서 가족과 함께 숲길 산책 중 (2023.10.21.) 쌀쌀한 가을 날씨에 릴리가 따뜻하게 옷을 입고 나왔다.

누구나 편하게 즐길 수 있는 트랙 외에 숲 전체에는 여기저기 여러 길이 나 있다. 이 길은 인공적으로 만들어지지 않은 좁은 오솔길이다. 자주 걸어서 이동한 결과로 형성되었다. 이런 오솔길에서 걷거나 달리거나 자전거를 타는 것을 좋아하는 사람들도 있다. 자연스럽게 생긴 오솔길에서는 집중력과 균형 감각이 더 필요하므로 걷는 데 어려움이 있는 아주 어린 아이, 장애인 또는 노인에게는 적합하지 않을 수 있다.

나의 고향인 옘사(Jämsä)는 주민이 20,000명 정도밖에 안 되는 작은 마을이다. 가장 가까운 숲길은 우리집 현관에서 겨우 30m 떨어져 있다. 나는 고향집을 방문할 때마다 엄마와 반려견 릴리와 함께 트랙이나 오솔길을 따라 산책을 한다. 보통은 우리뿐이지만 온 가족이 함께 갈 때면 나는 그 시간이 항상 특별하게 여겨진다. 그리고 내가 가족들과 같이 보내는 시간 중 가장 좋아하는 부분이기도 하다. 나는 모닥불을 피우는 공용 장소에서 소시지를 많이 구워 먹은 추억이 있는데, 특히 어린 시절 내가 방문할 때마다 소소한 체험을 직접 겪게 하는 것을 즐기셨던 조부모님과 함께 소중한 추억을 많이 만들었다.

베리와 버섯 따기

살구버섯, 2021, 퍼블릭 도메인

위에서 언급했듯이 핀란드는 숲 어디에서나 베리와 버섯을 따는 것이 합법적이다. 그러나 먹을 수 있는 베리와 버섯에 대한 정보를 갖고 따는 것이 매우 중요하다. 독성이 있는 것들이 흔하고 일부는 식용 가능한 것과 비슷해 보이기도 한다. 가장 흔하게 따는 베리는 블루베리, 링곤베리, 클라우드베리이다. 블루베리와 클라우드베리 시즌은 보통 7월과 8월경이고 링곤베리는 9월과 10월에 따는 것이 가장 좋다. 가장 쉽게 발견되는 버섯은 살구버섯, 깔때기뿔나팔버섯, 그물버섯 등이다. 버섯을 따기에 가장 좋은 시기는 8월이다. 야생 버섯을 따는 경우 한눈에 즉시 식별할 수 있는 버섯만 따는 것이 특히 중요하다. 숲에는 독버섯이 꽤 많이 숨어 있기 때문이다.

깔때기뿔나팔버섯(왼쪽), 그물버섯(오른쪽), 2009, 퍼블릭 도메인

나의 조부모님은 베리 따기를 정말 좋아하신다. 매년 근처 숲에 있는 그들만의 베리 따기 구역으로 가셔서 성인이 된 자녀들과 손자들 모두에게 나눠 줄 만큼 채취하신다. 나는 이제 독

아침에 블루베리와 함께 먹는 오트밀

링곤베리에서 베어나온 분홍색의 비스삐뿌로, 2005, 퍼블릭 도메인

조부모님께서 채취한 클라우드베리를 얹은 빵 치즈

립해서 혼자 사는데, 조부모님이 따주신 베리를 작은 용기로 한두 개 냉동고에 보관해 두고 있다. 블루베리는 오트밀에 넣어 먹으면 정말 맛있고, 클라우드베리는 빵 치즈와 잘 어울리고, 링곤베리로 만든 죽인 비스삐뿌로(vispipuuro)는 내가 가장 좋아하는 핀란드 음식 중 하나이다.

오리엔티어링

오리엔티어링은 핀란드에서 인기 있는 여가 활동으로 도시와 외딴 자연에서 모두 개최할 수 있다. 핀란드에서는 숲속 오리엔티어링이 인기가 있는 것 같다. 엄청난 면적의 숲이 이에 기여하는 바가 크다고 생각한다. 오리엔티어링의 기본 아이디어는 숲에서 지도에 표시된 모든 제어점을 특정 순서로 최대한 빨리 찾는 것이다. 제어점은 일반적으로 주황색과 흰색으로 표시되어 있으며 지도에서 쉽게 식별할 수 있는 지점 옆에 배치된다. 오리엔티어링은 도로, 길, 절벽, 바위, 들판, 습지 및 고도 차이와 같이 자연의 가장 큰 식별 가능한 특징을 보여 주는 종이 지도를 사용한다. 나침반은 숲에서 길을 찾는 데에도 사용된다.

오리엔티어링은 핀란드에서 정말 큰 인기를 끌고 있는데, 학교에서는 어린 나이부터 체육시간에 어린 학생들에게 오리엔티어링하는 방법을 가르친다. 핀란드에서는 매년 유꼴라(jukola) 또는 유꼴란비에스띠(jukolan viesti)라고 불리는 거대한 국제 팀 릴레이 오리엔티어링 대회가 개최된다. 아마추어와 프로 팀 모두 대회에 참가할 수 있다. 유꼴란비에스띠는 1949년에 처음 개최되었는데 원래는 남성만 참가했다. 하지만 1987년부터 벤로옌비에스띠(venlojen viesti)라고 불리는 여성 대회가 연례 행사로 추가되었다.[9] 요즘은 여성들이 벤로옌비에스띠 또는 유꼴란비에스띠 중 원하는 것을 선택해서 참가할 수 있다. 벤로옌비에스띠는 낮에, 그리고 유꼴란비에스띠는 밤에 개최된다. 머리에 전조등을 착용하는 야간 오리엔티어링은 독특하고 도전적인 경험을 할 수 있기

고향 옘사,(2021. 3. 5. 왼쪽, 2023. 9. 26. 오른쪽)
이곳은 어린 시절 썰매를 즐기던 곳이다. 같은 장소가 계절에 따라 변하는 모습은 매우 흥미롭다. 오리엔티어링은 일반적으로 눈이 내리는 계절에 하지 않으므로 봄철 숲으로 향하기 전 눈이 녹을 때까지 기다려야 한다. 한편 녹지 않은 눈을 최대한 활용하여 스키를 타는 사람들이 적지 않다.

9 tKaukametsäläiset ry. n.d. Jukolan historia. https://jukola.com/jukolan-historia/. Accessed Seb 22, 2024.

때문에 많은 여성 팀이 참가한다.

나의 아버지는 오리엔티어링을 매우 좋아하신다. 어린 소년 시절부터 할아버지와 함께 오리엔티어링을 하기 시작하셨고 평생 오리엔티어링을 해오셨다. 아버지는 오리엔티어링을 변함없이 꾸준히 해오셨다. 수많은 유꼴란비에스띠 대회에 참가하셨고, 가장 최근에는 2024년에 참가하셨다. 또한 나를 포함한 자녀들에게 지도 읽는 법을 가르쳐 주셨고, 우리가 어렸을 때는 오리엔티어링에 데려 가기도 하셨다. 나는 더 이상 오리엔티어링을 적극적으로 하지 않는다. 모기와 다른 벌레들뿐만 아니라 숲 속에서 달리다 보면 야생식물에 긁히는 상처가 지긋지긋하다. 게다가 육체적으로도 체력이 엄청나게 소모된다. 하지만 나의 아버지는 50대가 넘은 나이에도 2025년에 다시 유꼴라에 참가하셨다.

크로스컨트리 스키

크로스컨트리 스키는 가늘고 가벼운 스키 한 쌍과 스키 폴 한 쌍을 이용해 평지에서 앞으로 걸어 가듯이 움직이는 스포츠인데, 그 경로에 중간 중간 낮은 언덕이 나타나기도 한다. 언덕을 내려가면서 타는 다운힐 스키도 핀란드에서 인기 있는 여가 활동이지만 크로스컨트리 스키는 핀란드 어디에서나 누구나 탈 수 있는 아주 평범한 운동이다. 그것은 우리의 마음속에 특별한 자리를 차지하고 있다. 역사적으로 핀란드 선수들이 다양한 국제 크로스컨트리 스키 대회에서 좋은 성적을 거두었기 때문이다. 스키는 또한 우리나라 전쟁 역사의 일부이다. 핀란드 군인들은 소련의 침략으로 '겨울 전쟁'을 하는 동안 울창한 숲에서 우위를 점하기 위해 스키를 타고 이동했다. 이렇듯 핀란드인들 마음에 특별하게 자리잡고 있는 크로스컨트리 스키를 이하 간단히 스키라고 부르겠다.

클래식형의 크로스컨트리 스키

핀란드에서 스키는 아주 어린 나이에 배운다. 체육 수업의 일부이기 때문에 늦어도 학교에 입학하면 배우게 된다. 어린이(및 성인)를 위한 스키 강습을 제공하는 사설 기관도 있다. 다운힐 스키도 비슷한 강습이 있다. 나는 어렸을 때 한 살 반 어린 남동생과 함께 이 두 가지 강습에 참여해 스키를 배웠다. 강습은 재미있었고 우리 스스로 스포츠를 즐기는 데 필요한 기본을 배웠다.

스키 트랙은 숲길의 달리기 트랙을 따라 조성되어 있다. 스키 트랙을 걷는 것은 트랙에 발자국이 생기기 때문에 좋지 않다. 크로스컨트리 스키에는 클래식형과 자유형의 두 가지 타입이 있다. 클래식형은 더 쉽고 아주 느린 속도로 탈 수도 있다.

핀란드 북부 부오까띠(Vuokatti)의 얼어붙은 호수 위를 걷다가 찍은 사진 속의
아름다운 풍경은 스키를 타거나 숲길을 산책하는 등 자연을 즐기기에 충분한 이유가 된다.
사람들이 눈이 내리는 중에도 걸어다녔던 길이 보인다.(2023.12.28.)

이 유형은 트랙에서 양쪽 발이 서로 평행을 유지하며 한 발로 땅을 밀고 다른 발은 스키 폴이 지지하는 동안 앞으로 미끄러지면서 속도를 낸다. 자유형은 클래식형에 비해 어렵고 힘이 더 든다. 움직임은 스케이팅과 비슷하다. 스키는 V자 모양을 만들고 한 발은 다른 발로 각도를 맞춰 앞으로 밀면서 스키 폴의 도움을 받는다. 나는 클래식형을 선호하는데, 숨이 막힐 듯이 빨리 움직이지 않아도 되므로 주변의 눈이 덮인 하얀 자연을 감상할 수 있기 때문이다.

나는 온 가족이 함께 스키를 타던 추억이 좋다. 스키를 타러 나갈 때 어머니는 간식과 따뜻한 주스를 챙겨 주셨고, 우리 아이들은 스키를 타다가 중간 지점에서 이것을 먹고 마셨다. 가끔은 모닥불을 지필 수 있는 지점에서 어머니가 챙겨 주신 음식을 편하게 즐겼다. 우리가 돌아오는 길에 지치면 아버지는 스키 폴 하나를 잡게 하시고, 자유형 스키로 앞서 가시면서 우리를 끌고 가셨다. 오리엔티어링과 더불어 스키는 아빠의 열정 중 하나이다. 스키는 내가 가장 좋아하는 운동은 아니지만, 적어도 일 년에 한 번은 아버지를 비롯해 가족들과 함께 타곤 한다.

썰매 타기

썰매는 최고의 겨울 야외 활동이다. 주로 12세 이하의 어린이들이 즐기는 야외 활동이기 때문에 어떤 사람들은 어린이만의 전유물이라고 말할 수도 있다. 하지만 나와 내 주변의 20대

썰매놀이를 즐기는 사촌동생들
Heli Peippola

친구들은 이에 강력히 반대한다. 핀란드에서는 겨울철에 대형 슈퍼마켓에서 살 수 있는 플라스틱 썰매가 있다. 썰매에는 끈으로 된 손잡이가 달려 있어 언덕을 오를 때 쉽게 끌고 갈 수 있다. 눈이 얼면 그 썰매를 탈 때 내려가는 속도가 굉장히 빨라져서 조심해야 한다. 바닥이 딱딱해질수록 썰매 조종이 더 어려워지기 때문이다. 썰매에서 얼음 위로 떨어지면 폭신한 눈 위에 떨어지는 것보다 더 아플 수도 있다.

내가 몹시 애정하는 겨울철 야외 활동이므로 성공적인 썰매 타기 경험을 위한 팁을 공유하고 싶다. 나는 모든 사람이 적어도 한 번은 썰매를 타봐야 한다고 생각한다. 이때 무엇보다 옷을 충분히 입어야 한다. 장갑도 두꺼워야 한다. 손을 사용하여 썰매를 끌면서 조종하기 때문이다. 초보자는 너무 가파르지 않고 근처에 나무, 도랑 또는 가로등과 같은 장애물이 없는 언덕을 선택해야 한다. 엉덩이로 앉거나 무릎을 꿇고 앉아서 타는 것부터 시작하는 게 좋다. 무릎을 꿇는 경우 쿠션을 사용하는 것이 좋다. 자신감이 생기면 더 가파르고 길고 도전적인 언덕에서 타거나 서서 썰매를 탈 수도 있지만, 그럴 때는 완만한 경사의 언덕이 가장 좋다.

나는 어렸을 때 매년 겨울이 오면 친구들과 썰매를 타던 추억이 있다. 우리는 썰매를 서서 타는 등 온갖 새로운 방법을 시도했고, 새로운 경로도 시도했고, 심지어 나무 사이를 가로지르거나 갑작스러운 낙하물을 피하면서 숲 한가운데 언덕을 썰매로 내려가기도 했다. 정말 즐거웠고, 나무에 몇 번 부딪히긴 했어도 아무도 심하게 다치지 않았다. 지금도 나는 고향에 돌아가면 휴가철에 어린 시절 절친과 함께 썰매를 타러 간다.

사우나와 얼음 구멍에서 수영하기

사우나는 핀란드의 고유 문화이며 핀란드에는 자동차보다 사우나가 더 많다. 사우나는 연중 사시사철 즐길 수 있지만, 특히 겨울철에 즐기는 여가 활동 중에 백미이다. 하루종일 크로스컨트리 스키를 탄 후 뜨끈뜨끈한 사우나에 앉아 열기를 올리는 돌에 물을 뿌리면 그 어느 때보다 느긋해지고, 동시에 얼었던 발가락도 녹기 시작한다.

겨울철 사우나는 특히 아반또우인띠(avantouinti), 즉 얼음 구멍에서 수영하는 것이 특색이다. 사우나에서 몸을 데운 후 꽁꽁 얼어 붙은 호수에 만든 구멍으로 들어가 얼음만큼 차가운 물에 몸을 담근 다음 다시 사우나로 돌아간다. 이 사이클을 여러 번 반복한다. 많은 핀란드인이 이런 종류의 온냉 요법을 즐기는데 건강에 도움이 된다고 한다.

나는 개인적으로 이런 여가에 매력을 느끼지 못하지만, 어머니는 참으로 중요하게 여기신다. 매년 겨울마다 어머니는 친구들과 함께 공공 사우나에 가서 얼음 구멍에서 수영을 즐기신다. 그것이 상쾌하다고 말씀하신다. 나는 솔직히 그것이 미친 짓이라고 생각하지만 당신이 좋아하시는 것을 누가 말릴 수 있을까?

이제 마무리하며 바라건대, 이 글이 핀란드의 자연, 그리고 그 자연이 우리의 스포츠와 야외 활동 문화에 얼마나 깊이 연관되어 있는지에 대한 통찰력을 제공했으면 한다. 여러분이 핀란드를 방문한다면, 여기에 소개된 활동 중 적어도 몇 가지는 꼭 시도해 보면 좋겠다.

사우나

엔나마리 피흘라야 _ Ennamari Pihlaja

핀란드 사람은 보통 생후 6개월 전에 사우나에 처음 들어가고 죽을 때까지 일주일에 평균 1.5회 사우나를 정기적으로 한다. 이는 사우나가 핀란드 문화에 얼마나 중요한지를 보여 준다.

많은 사람들이 사우나가 무엇인지 알고 있거나 적어도 한 번쯤은 들어본 적이 있을 것 이다. 하지만 '사우나'라는 단어가 핀란드어이며 실제로 사우나가 핀란드 발명품이라는 사실을 아는 사람은 별로 없는 것 같다. 핀란드인들에게 사우나는 수백 년 동안 이어져 온 전통으로 국가 차원의 자부심이며 휴식을 즐기는 여가인 동시에 그 공간은 신성한 곳으로 여겨진다.

핀란드인들은 열렬한 사우나 애호가로 유명하다. 한 번에 여러 국자씩 뜨거운 스토브 돌에 물을 던지면 온도가 상승하여, 때로는 섭씨 100도에 가까워지기도 한다. 그러나 일반적으로 편안한 온도는 보통 60-80도에 불과하다. 핀란드인들은 힘든 근무 후 휴식을 취하는 방법으로 샤워처럼 매일 사우나를 할 수도 있지만, 한여름의 하지나 크리스마스와 같은 전통적인 축제의 일부로도 즐긴다. 핀란드들이 자주 찾는 여름 별장에도 거의 모두 사우나 시설이 있다. 사우나는 사교적이고 여유로운 여가 활동으로 여름에는 호수에서 수영하고 겨울에는 눈 속에서 구르는 등을 병행하면서 몇 시간씩 지속될 수 있다.

이제 사우나의 역사와 관습, 의식적 및 영적 신념, 핀란드 문화에 미치는 중요성, 관련 대회 등에 대해 이야기해 보고자 한다. 사우나의 즐거움과 그 혜택을 소개하는 이 글을 읽고 독자들도 핀란드식 사우나를 꼭 경험해 보길 바란다.

사우나의 매혹적인 역사

가장 초기의 핀란드 사우나는 빙하기 이후인 10,000여 년 전으로 거슬러 올라간다. 당시 사우나는 '구덩이 사우나'라고 불렸다. 이 사우나는 땅에 구멍을 파고 그 안에 돌을 놓아 만들었다. 돌을 가열하고 구덩이를 동물 가죽과 자작나무 껍질로 덮었다. 돌 위에 물을 던져 쉼터를 따뜻하게 만들었다.

청동기 시대에 사우나는 지상으로 올라오기 시작했다. 사람들이 한 곳에 정착하면서 사우나는 오늘날 우리가 인식하는 것과 더 가까운 형태를 띠기 시작했다. 사우나는 벽과 지붕으로 지어졌지만 아직 바닥은 없었다. 오늘날의 사우나 형태와 유사한 계단식 벤치가 이 시기에 존재했을지도 모른다. 철기 시대 후반에 사우나는 '연기 사우나(savusauna)'의 발명으로 크게 도약했다. 이러한 사우나는 작은 오두막 모양의 형태로 점점 더 많이 지어졌다. 사우나의 열기를 올리는 난로는 여전히 돌무더기에 불과했고 최대 10시간 동안 가열해야 했다.

중세 시대의 사우나는 연기를 가득 내뿜는 난로가 화재 위험을 초래한다는 사실이 밝혀진 후 굴뚝을 갖추게 되었다. 난로가 석조로 지어지면서 사우나를 하는 것이 더욱 안전하고 편안해졌다. 더 많은 사우나가 건설되었고, 사우나 건물은 핀란드 마당에서 흔히 볼 수 있는 광경이 되었다. 가스레인지와 유사한 방식의 사우나(kamiinakiuas)는 전쟁 후 장작 소비를 줄이기 위해 개발되었다.

고향집 사우나 안에 걸려 있는 온도계

결국 나무로 가열되던 사우나는 전기 사우나로 발전하여 1938년 그 첫 번째 사우나가 지어졌다. 1960년에는 전기 스토브가 널리 보급되었고, 집 안 내부에 사우나가 지어지기 시작했다. 오늘날 대부분의 사우나는 전기로 가열되지만 여전히 나무를 태우는 전통 사우나도 많은 가정과 여름 별장에서 찾아볼 수 있다.

다양한 유형의 사우나

역사적으로 사우나는 당시의 생활 조건과 건물 스타일에 따라 다양한 방식으로 지어졌다. 사우나의 설계는 종종 사우나의 용도와 사용자에 따라 달라졌다. 오늘날의 사우나는 더 이상 고정된 형태에 국한되지 않는다. 많은 종류의 사우나가 개발되었으며, 그중 일부는 시간과 장소에 구애받지 않고 사우나를 경험하게 한다.

고향집의 전기 사우나

열기를 올리는 돌에 물을 붓는 사우나 국자(좌), 물을 담는 사우나 양동이(우)

그 예로 이른바 이동식 사우나가 있다. 이러한 사우나는 바퀴가 있어서 자동차에 연결해 거의 모든 곳으로 견인할 수 있다. 이동식 사우나의 한 가지 장점은 겨울철에는 뒷마당에서, 여름철에는 호숫가에서 사용할 수 있다는 점이다. 따라서 집이나 별장 밖에 별도의 야외 사우나를 지을 필요가 없다. 또 다른 가능한 유형은 물 위의 수상 사우나이다. 수상 사우나는 뗏목처럼 물 위에 떠다니도록 만들어졌다. 수상 사우나는 이동식 사우나보다 큰 구조물인 경우가 대부분이며 사우나와 탈의실뿐 아니라 테라스와 라운지와 같은 공간도 포함되어 있다. 수상 사우나의 장점은 아주 짧은 거리조차도 이동할 필요 없이 사우나에서 물속으로 바로 뛰어들 수 있다는 것이다. 이동식 사우나와 수상 사우나 모두 개인이 소유하거나 대여할 수 있다.

공공 사우나는 헬스장, 스포츠 센터, 수영장과 같은 곳에서 흔히 볼 수 있다. 일반적으로 여성과 남성을 위한 사우나가 따로 있지만, 최근에는 남녀 혼용 사우나도 찾아볼 수 있다. 핀란드의 많은 아파트 건물에는 아파트 주민이 시간을 예약하여 이용할 수 있는 공동 사우나 시설도 있다.

우리 가족 소유의 사우나 건물, 장작으로 열기를 올리는 전통 사우나:
사우나실이 충분히 뜨거워지기까지 한두 시간이 소요되며
사우나를 하는 동안 불이 꺼지지 않도록 장작을 지펴야 한다.

뿌다스야르비(Pudasjärvi), '깨끗한 호수'라는 의미로
고향의 이름이 이 호수에서 기인했다.

전통 사우나 관습

사우나는 지방에 따라 전통적으로 약간 다른 관습들이 여럿 있다. 그러나 일반적인 핀란드의 관습은 완전히 나체로 사우나에 들어가는 것인데 이는 핀란드 문화에서 지극히 정상적인 것으로 간주된다. 사실 일부 사우나에서는 수영복 착용을 금지하기도 한다. 가족들이 함께 사우나를 이용하는 경우가 많지만 자녀들이 10대가 되면 부모와 함께 사우나하는 것을 기피하기도 한다. 그리고 친구들끼리 사우나를 하는 것은 일반적인 사교 활동이며 누드가 금기 사항이 아니다.

핀란드인들은 일 년 내내 사우나를 즐긴다. 여름에는 사우나 중간에 테라스에 나가서 열기를 식히면서 시원하게 휴식을 취한다. 연못, 호수, 강, 바다가 근처에 있다면 물속에 몸을 담그는 것이 좋다. 외부 온도와 상관없이 항상 먼저 사우나에서 몸을 뜨겁게 달군 후에는 여름날의 공기가 피부에 완벽하게 느껴진다. 차가운 물속에서 수영을 마친 후 상쾌하게 사우나로 돌아간다. 이 사이클은 사우나를 하면서 여러 번 반복할 수 있다. 겨울에는 사우나에서 뜨거워진 몸을 테라스에서 쉬면서 식히기도 하지만 눈 속에서 구르기도 한다. 추운 겨울 날씨는 호수도 강도 바다도 모두 얼어 붙게 하지만 그렇다고 해서 물속에 몸을 담그는 재미를 막을 수는 없다. 얼어붙은 얼음에 구멍을 뚫는데, 이를 아반또(avanto)라고 한다. 물은 얼음처럼 차가워서 10분 이상 머무는 것은 안전하지 않다. 사우나에서 몸이 뜨거워진 후 아반

또에 들어가 몸을 식히고 뜨거운 열기가 가득한 사우나로 돌아간다. 이때 털모자를 착용하고 미끄러지지 않게 주의해야 한다.

사우나 전통 중 하나가 자작나무 가지 묶음으로 몸을 치는 것인데 이는 종종 이상하게 보일지도 모르겠다. 이 관습을 비흐또미넨(vihtominen)이라고 하며, 지역에 따라 비흐따(vihta) 또는 바스따(vasta)라고 부른다. 비흐또미넨은 건강에 좋은 것으로 알려져 있다. 그리고 자작나무에서 방출하는 특수 오일이 근육과 관절 통증을 완화한다는 것이 과학적으로도 입증되었다. 또한 피부의 혈액 순환을 촉진하고 각질 제거에 도움을 준다.

당연히 사우나에 있으면 덥고 목이 마르기 때문에 차갑고 상쾌한 음료를 마시게 된다. 핀란드의 전통적인 사우나 음료는 '사우나 맥주(saunakalja)'이다. 다른 청량음료도 마찬가지로 즐긴다. 음식은 사우나 후나 중간에 먹는 경우가 많다. 사우나에서 불편함을 느낄 수 있기 때문에 배를 가득 채운 채로 사우나를 하는 것은 권장되지 않는다. 그러나 여름에는 소시지, 꼬치, 치즈, 옥수수, 버섯 등을 사우나에서 굽는 재미를 즐기는 경우가 많다. 마시멜로를 불에 굽는 것도 전통의 일부이다.

사우나는 휴식을 취하는 장소이기도 하지만 사교 행사이기도 하다. 사우나는 종종 몇 시간씩 진행되며, 사람들은 사우나를 하면서 다양한 주제에 대해 긴 대화를 나눈다. 사우나와 사우나 문화에 관한 노래가 많이 쓰였고, 사우나를 하면서 이를 부르기도 한다. 아래 구절은 내가 어릴 때 사우나 중 즐겨 부르던 노래 가사이다.

"Löylyä lissää, löylyä lissää, saunassa ei saa palella. Löylyä lissää, löylyä lissää, saunassa ei saa palella."

(더 뜨겁게, 더 뜨겁게, 사우나에서 추우면 안 돼. 더 뜨겁게, 더 뜨겁게, 사우나에서 추우면 안 돼.)

사우나는 핀란드인들에게 마치 신성한 장소와 같다. 마음을 풀고 평화를 찾을 수 있는 장소이다. 따라서 몇 가지 불문율이 적용된다. 사우나 중에 방귀를 뀌지 않고 말다툼을 하지 않으며 소리를 지르지 않는 것이다.

아반또(Avanto), 얼음톱으로 구멍을 뚫고 공기 펌프를 사용해 다시 얼어붙지 않도록 유지한다.

사우나 미신

비흐또미넨이 주는 건강상의 이점 외에도, 사우나는 휴식을 제공할 뿐 아니라 질병을 치유하며 심지어 예방한다고 믿는다. 사우나는 일부 환자들에게 전통적인 치료법 또는 치료의 일부였다. 전통적인 핀란드 농촌 문화에서 사우나는 출생과 사망의 장소이기도 했다. 이곳은 여성들이 출산하고 아기들이 첫 목욕을 하는 곳이었으며, 사망 후 고인들이 세척되는 곳이기도 했다. 사우나는 오랫동안 수많은 신념, 의식, 전통과 연관되어 왔다.

사우나는 한때 질병을 씻어내는 일종의 병원 기능도 했다. 치료에는 주문과 의식도 포함되었는데, 그중 하나가 이미 언급된 바 있는 비흐또미넨이다. 사람들은 사우나에 들어가서 통증을 완화하고 질병을 치료하며 다산을 촉진하는 것으로 여겨지는 주술을 외우곤 했다. 오늘날에도 감기를 예방하거나 치료하기 위해 사우나를 이용한다.

사우나는 사후 세계와 영혼의 세계와도 연결되어 엄격하게 지켜지는 규칙이 있었다. 밤이 되면 죽은 자와 저승의 다른 존재들의 영혼이 사우나실을 자유롭게 사용할 수 있어야 했기 때문에 사우나 목욕은 낮에 이루어져야 했다. 그리고 핀란드 전통 추수 축제인 께끄리(Kekri) 기간 동안 특별히 방문하는 영혼을 맞이하기 위해 사우나가 가열되었다. 당시 사람들은 사우나를 찾아오는 고인의 영령이 평화롭도록 사우나에서 목욕을 할 때 조용하게 했다.

핀란드 민속 문화의 일부인 사우나똔뚜(saunatonttu)는 사우나에 사는 작은 도깨비와 같은 존재이다. 사우나의 수호신과도 같은 사우나똔뚜는 사람들이 사우나에 마땅히 표해야 할 존중심을 갖고 행동하도록 가르치는 역할을 한다. 사우나와 관련된 많은 불문율이 이런 민속적인 미신에서 유래한다. 사우나똔뚜는 평화를 소중히 여기기 때문에 사우나에서 소음, 욕설, 싸움, 취기, 방귀 등을 피해야 한다. 사우나똔뚜를 화나게 하면 사고, 질병, 심지어 사우나가 불에 타는 등의 불행이 발생할 수 있다. 그러나 사우나똔뚜는 일반적으로 사우나를 돌보고 청결을 유지하며 바르게 행동하는 사람들에게 행운과 성공을 가져다 주는 자비로운 존재로 알려져 있다. 오늘날 많은 사우나나 공공시설의 탈의실은 이러한 전통을 상기시키기 위해 사우나똔뚜의 조각상으로 장식되어 있다.

사우나똔뚜 조각상

경험해 볼 만한 가치가 있는 휴식

핀란드에는 자동차 수보다 많은 약 330만 개의 사우나가 있는 것으로 추정된다. 핀란드 인구가 550만 가량된다는 사실을 감안하면 정말 상당한 숫자이다. 우리는 수천 년 전에 시작된 이 발명품을 자랑스럽게 생각하며 사우나를 진지하게 받아들인다. 핀란드 사람은 보통 생후 6개월 전에 사우나에 처음 들어가고 죽을 때까지 일주일에 평균 1.5회 사우나를 정기적으로 한다. 이는 사우나가 핀란드 문화에 얼마나 중요한지를 보여준다.

앞서도 언급했듯이 이 글을 읽는 독자들 모두가 진정한 전통 핀란드식 사우나를 경험할 기회를 접했으면 좋겠다. 나는 사우나가 있는 단독주택에서 자랐기 때문에 스스로를 매우 운이 좋다고 생각한다. 내가 어렸을 때는 매주 토요일 저녁마다 온 가족이 함께 사우나를 하곤 했다. 부모님이 뜨거운 돌 위에 뿌리면 지지직 소리를 내며 올라오는 뜨거운 김(löyly)을 감당할 수 있을 정도로 자랄 때까지 우리는 사우나 맨 아래 칸에 앉았다. 핀란드의 사우나는 계단식으로 되어 있는데 윗부분이 가장 뜨겁고 아래는 한결 덜 뜨겁기 때문이다. 매주 가족이 함께 즐기는 사우나 휴식은 우리 일상의 평범한 부분이었다. 이제 독립해서 사우나가 없는 아파트에 살고 있기 때문에 사우나를 자주 이용하지 못한다.

요즘은 사우나가 더욱 감사하게 느껴진다. 그래서 고향집을 방문할 때마다 사우나를 꼭 한다. 크리스마스 행사에는 전통적인 크리스마스 사우나가 포함되어 있다. 이는 일반적인 사우나와 전혀 다를 바 없지만, 그것이 바로 크리스마스라는 점만이 다르다. 여름에는 우리 가족 별장에서 사우나를 즐길 수 있는데 거기에는 장작불을 이용한 전통 야외 사우나가 있다.

왠지 나무 사우나를 하면 기분이 더 좋아진다. 사우나 휴식 시간에는 근처를 흐르는 강에서 수영을 하고, 사우나를 마친 후에는 맛있는 음식을 먹는다. 하지만 핀란드의 북쪽 숲 한가운데는 모기가 너무 많아서 모든 게 완벽하다고 할 수 없다. 고향에서 사우나를 할 때 직면하는 유일한 단점이지만 그래도 모기가 사우나 안으로 들어오지 못하므로 사우나를 하는 것은 정말 즐겁다.

두 언어는 맥박처럼
뛰고, 명절은
계절마다
노래가 된다.

4장

언어와 축제가 이어주는 공동체

핀란드인의 정체성은
언어와 전통에서 빛난다.
이중언어 사회와 다양한
명절, 기념일은 공동체의
유대와 문화를 보여 준다.

핀란드의 스웨덴어

네아 히르시매키 _ Nea Hirsimäki

스웨덴어는 지극히 소수의 국민만이 사용하는 언어임에도 불구하고 여전히 핀란드 사회에서 상당히 큰 역할을 하고 있다. 교육, 직장, 일상생활 등 많은 부분에 영향을 미친다.

핀란드에 관해 많은 사람들이 알지 못하는 한 가지 사실은 핀란드가 두 개의 공식 언어를 사용하고 있다는 것이다. 물론 그중 하나는 핀란드어이지만 다른 하나는 스웨덴어이다. 하지만 모든 국민이 양 언어를 동일한 수준으로 유창하게 하는 것은 아니고 둘 중 하나만 모국어로 구사하는 경우가 대부분이다. 2023년에는 인구의 약 5%가 스웨덴어를 공식 모국어로 사용하는 것으로 보고되었다. 이러한 사람들을 '스웨덴어를 사용하는 핀란드인'이라고 부른다. 스웨덴어를 사용하는 인구는 대부분 해안선을 따라, 그리고 발트해에 위치한 섬들로 구성된 핀란드의 자치 구역인 올란드(Åland)에 거주하고 있다. 핀란드에서는 핀란드어 또는 스웨덴어로 교육을 받을 수 있으며, 핀란드 시민권을 취득하고자 하는 외국인은 두 언어 중 하나의 언어 능력 시험을 통과해야 한다. 대다수의 인구가 핀란드어로 생활하지만 그럼에도 불구하고 스웨덴어는 핀란드에서 상당히 중

스웨덴어 사용자가 가장 많은 지역: 동해안을 따라 위치한 오스트로보스니아(Ostrobothnia)와 남서쪽 해상에 위치한 올란드(Åland) 섬

요하다. 나의 글은 스웨덴어가 어떻게 핀란드에서 그토록 중요한 언어가 되었는지, 그리고 그것이 사회에 어떤 영향을 미치는지에 대한 간략한 개요이다.

역사

핀란드의 공식 언어 중 하나인 스웨덴어는 러시아의 지배를 받기 시작한 1809년 이전까지 핀란드가 수백 년 동안 스웨덴의 일부였던 시절의 잔재이다. 당시 스웨덴어는 핀란드의 상류층 언어로 사용되었으며 지식인들의 언어로 여겨졌다. 또한 정부 문서 및 모든 공식 행정 처리에도 사용되었다. 스웨덴어는 법률이 일부 변경되어 핀란드 사회에서 두 언어가 평등해지기 시작한 19세기 말까지 매우 강력한 위치에 있었다. 핀란드에서 스웨덴어는 여전히 중요하지만 이제 그 지위가 핀란드어보다 더 높거나 더 교육받은 계층의 언어로 간주되지는 않는다. 핀란드의 스웨덴 국민당(Swedish People's Party of Finland)이라는 정당은 1906년에 창설되었는데, 핀란드어가 상대적으로 더 우세한 지위를 확보하기 시작하면서 핀란드 내 스웨덴어를 사용하는 사람들의 권리를 보호한다는 것이 그 정당의 취지였다.

교육

교육은 대부분의 사람들에게 삶의 초석을 마련하는 중요한 부분이다. 핀란드에서는 18세가 될 때까지 예외없이 의무 교육을 받아야 하며, 그에 사용되는 언어로 핀란드어나 스웨덴어 둘 중 하나를 선택할 수 있다. 그러나 스웨덴어를 사용하는 학교는 일반적으로 핀란드어를 사용하는 학교보다 규모가 작다. 이는 스웨덴어로 교육을 받고자 하는 아이들의 수가 매우 적기 때문이다. 스웨덴어 사용자가 거주하는 지역에 스웨덴어로 교육을 제공하는 학교가 위치해 있는데 그 개수는 거주자의 인구수에 의해 결정된다.

핀란드 남부와 서부 지역은 북부와 동부 지역에 비해 스웨덴어를 사용하는 학교가 더 많다. 학위를 수여하는 교육 기관 중에서 스웨덴어로만 공부할 수 있는 프로그램을 제공하는 학교는 아보 아카데미(Åbo Akademi) 대학교가 유일하다. 헬싱키 대학교에는 스웨덴어로 정치학을 전공할 수 있는 독립적인 학과도 있다. 헬싱키 대학교는 국가 공식 언어 두 개를 모두 사용하긴 하지만 대부분의 과정은 핀란드어로 진행된다. 비록 수업을 핀란드어로 수강하더라도 시험 문제를 스웨덴어로 제공하도록 요청하는 것이 가능하다. 또는 시험 문제가 핀란드어로 되어 있더라도 스웨덴어로 답변하는 것도 허

Gymnasiet Lärkan, 헬싱키 소재의 스웨덴어를 사용하는 고등학교

용된다.

이처럼 일반적으로 학교에서 주로 사용하는 언어는 핀란드어나 스웨덴어 둘 중 하나이지만, 모든 학생은 두 언어를 모두 공부해야 한다. 대체로 모국어, 즉 제1 국어가 핀란드어이면 스웨덴어가 제2 국어가 되고, 제1 국어가 스웨덴이면 핀란드어가 제2 국어가 된다. 제2 국어 수업은 초등학교, 즉 1~6학년 사이에 시작한다. 학생 자신의 언어 능력과 관심이 제2 국어를 시작하는 시기에 영향을 미칠 수 있다. 개인에 따라 저학년에 시작할 수도 있고 6학년이 될 때까지 기다렸다가 시작할 수도 있다. 하지만 스웨덴어 학교는 그 규모가 작아서 고학년이 되어 핀란드어 수업을 별도로 배우는 게 불가능할 수도 있기 때문에 저학년에 모두가 같이 시작하는 것이 보통이다. 개별 학생에 따라 핀란드어 수준의 차이가 있기 때문에 수업은 초급반과 고급반으로 나뉘어 있다. 고급반은 모국어 수준 또는 거의 모국어 수준으로 말하는 학생들을 위한 것이다. 예를 들어, 집에서 부모 중 한 쪽과 핀란드어로 대화를 하는 경우이다. 반면에 초급반은 핀란드어를 처음부터 배우기 시작하는 학생들을 위한 수업이다. 그러나 핀란드어로 교육하는 학교에서는 스웨덴어 수업이 모두 초급 수준에서 시작될 가능성이 높다.

내가 다녔던 초등학교는 전교생 수가 100명 미만이었다. 그 도시의 핀란드어를 사용하는 학교들은 재학생 수가 보통 400~500명가량 된다. 이러한 차이는 중학교와 고등학교에서도 볼 수 있다. 학생 수가 적기 때문에 스웨덴어를 사용하는 학교는 학급 수도 훨씬 적다. 초등학교에서는 한 학급에 약 10명의 학생이 있었다. 10명의 학생 중 한 명을 제외한 모든 학생이 집에서 핀란드어와 스웨덴어를 모두 사용했다. 집에서 핀란드어를 사용하는 모든 학생은 고급반 수업을 들었다. 나 역시 핀란드어와 스웨덴어를 모두 구사하기 때문에 고급반 수업을 들었다.

고등학교 심리학 책, 스웨덴어(좌)와 핀란드어(우)

직장

어떤 직장에서 일하느냐에 따라 언어 능력이 매우 중요할 수 있다. 핀란드 법률에 의거하여 경찰서나 병원 등 정부가 운영하는 기관은 반드시 스웨덴어와 핀란드어로 서비스를 제공해야 한다. 따라서 이러한 기관에서 일하려면 특정 수준 이상의 스웨덴어 실력이 필요하다. 한편 핀란드의 공식어 외에 고객이 다른 언어로 소통할 수밖에 없을 경우 통역사를 요청할 수 있다.

정부가 운영하는 기관이 아니더라도 어느 지역에 거주하는지에 따라 스웨덴어 능력이 중요할 수 있다. 오스트로보스니아(Ostrobothnia)의 일부 지역과 같이 스웨덴어를 주로, 혹은 스웨덴어만 사용하는 곳에서는 반드시 스웨덴어를 할 줄 알아야 한다. 이 지역에는 스웨덴어를 사용하는 인구가 매우 많아서 스웨덴어가 우세하다. 이 지역에서는 많은 사람들이 핀란드어를 거의 구사하지 못한다. 이와 반대로 핀란드어만 사용하는 지역에서는 스웨덴어가 그다지 중요하지 않다는 것을 의미할 수도 있다. 이런 맥락에서 보자면 핀란드와 러시아 국경 근처에서는 스웨덴어보다 러시아어가 더 많이 사용되는 것이 당연할지도 모른다.

일상생활

스웨덴어 사용자들은 핀란드에서 스웨덴어가 소수 언어이기 때문에 강한 공동체 의식을 갖고 있는 경우가 많다. 스웨덴어를 사용하는 사람들은 때때로 자신의 지역 사회를 '오리 연못'이라고 부른다. 모든 사람이 밀접하게 연결되어 있고 모두가 서로 아는 것처럼 느껴지기 때문이다. 스웨덴어를 사용하는 커뮤니티에 대한 몇 가지 흥미로운 사실은 이들이 핀란드어 모국어자들보다 평균적으로 2–3년 더 오래 산다는 것이다. 이는 강한 공동체 의식과 돈독하고 끈끈한 관계에 기인한다. 스웨덴어를 사용하는 공동체에서 평균적으로 더 높은 또 다른 지수는 행복감이다. 핀란드는 세계에서 가장 행복한 나라로 보고되고 있으며, 흥미롭게도 핀란드에서 스웨덴어 모국어자들은 핀란드어 모국어자들보다 더 행복하다고 알려져 있다.

상하 나란히 핀란드어와 스웨덴어로 표기된 도로 표지판

스웨덴어는 일상생활 곳곳에서 볼 수 있다. 방송 프로그램, 도로 표지판, 매장 제품 라벨 등 핀란드의 많은 것들이 핀란드어와 스웨덴어로 표기된다. 각 지방마다 공식 언어에 영향을 받는 것은 도로 표지판이다. 두 언어를 모두 사용하는 지방에서는 모든 도로 표지판에 핀란드어와 스웨덴어가 모두 표기된다. 어느 언어가 그 지방의 주요 언어인지에 따라 표지판에 먼저 표기되는 순서가 결정된다. 예를 들어, 헬싱키의 도로 표지판에는 먼저 핀란드어, 그 다음 스웨덴어로 표기된다. 공식 언어가 하나뿐인 지방에서는 도로 표지판이 해당 언어로만 작성된다. 러시아 국경 근처 표지판에는 때때로 핀란드어와 함께 러시아어로 표기되기도 한다.

핀란드의 스웨덴어와 스웨덴의 스웨덴어

핀란드와 스웨덴, 두 나라 모두 스웨덴어를 사용하지만 몇 가지 차이점이 있다. 핀란드의 스웨덴어는 종종 스웨덴에서 사용되는 스웨덴어의 방언으로 간주된다. 둘의 가장 큰 차이점은 발음이다. 스웨덴어는 본래 성조 언어가 아니지만 스웨덴의 스웨덴어에서는 두 가지 성조가 사용된다. 스웨덴어의 성조는 방언마다 다르며, 주로 철자가 같은 두 단어를 구별할 때 사용된다. 이것이 바로 스웨덴어가 선율적으로 들리는 원인이다. 이에 비해 핀란드의 스웨덴어는 성조가 사용되지 않기 때문에 매우 단조롭게 들린다. 이는 시간이 지나면서 성조가 없는 핀란드어에 동화되어 핀란드의 스웨덴어로 정착했기 때문일 수 있다.

양국 스웨덴어의 또 다른 차이점은 어휘이다. 대부분의 어휘는 동일하지만 다른 방언과 마찬가지로 핀란드와 스웨덴의 스웨덴어도 시간이 지나면서 서로 달라졌다. 놀라운 사실은 핀란드 스웨덴어가 현재 형태의 스웨덴 스웨덴어만큼 현대적이지 않다는 것이다. 그 이유는 핀란드 스웨덴어가 수년 동안 스웨덴의 스웨덴어만큼 많이 변하지 않았기 때문이다. 이는 핀란드의 스웨덴어가 스웨덴인들에게 다소 구식으로 들릴 수도 있음을 의미한다. 그리고 핀란드에서는 사용되지만 스웨덴에서는 사용되지 않는 핀란드어 외래어도 많이 있다.

또한 핀란드에도 스웨덴어 방언이 있는데, 이들은 일반적으로 핀란드 내에서 스웨덴어를 사용하는 지역에 따라 구분된다.

이러한 방언은 어휘와 발음에 많은 차이가 있기도 해서 다른 방언을 말하는 사람들을 이해하는 것이 때로는 약간 어려울 수 있다. 그래도 그 차이가 다른 언어의 방언보다 크지는 않다.

공동체 의식

스웨덴어는 지극히 소수의 국민만이 사용하는 언어임에도 불구하고 여전히 핀란드 사회에서 상당히 큰 역할을 하고 있다. 교육, 직장, 일상생활 등 많은 부분에 영향을 미친다. 핀란드 인구의 약 5%만이 스웨덴어를 모국어로 사용하지만 이 언어는 대단히 소중하게 여겨진다. 핀란드에서 스웨덴어 사용자가 한줌밖에 안 되는 열세로 보일지 모르지만, 어쨌든 스웨덴어는 일부 핀란드 국민의 모국어일 뿐만 아니라 여전히 핀란드 문화의 큰 부분을 차지하고 있다. 소수가 통용하는 언어를 아는 것은 서로간 연결되는 좋은 방법이기도 하다. 스웨덴어를 사용하는 핀란드 인구는 강한 공동체 의식의 혜택을 확실히 누리고 있다. 아마도 이와 같은 연유에서 스웨덴어를 모국어로 하는 핀란드인들이 행복을 누리고 있지 않을까?

참고 자료

https://fi.wikipedia.org/wiki/Sauna

https://visitjyvaskyla.fi/sauna/mita-on-sauna/saunan-historia/

https://www.parhaatmokit.fi/saunomiskulttuuri-suomessa/

핀란드의 각종 기념일과 음식

사아나 라우카 _ Saana Laukka

명절의 전통이 과거에 종교성을 띠었다 하더라도 이젠 더 이상 그렇지 않을 수도 있다. 무엇보다 중요한 것은 핀란드에서 명절이나 기념일에 가족이나 친구들과 시간을 보낸다는 것이다.

핀란드에는 여러 종류의 기념일이 있다. 종교와 관련된 기념일은 명절로 분류할 수 있겠지만 그 밖의 성격을 지닌 날들도 있는데 핀란드의 특색을 보여 주는 몇몇 대표적인 것들을 소개하고자 한다. 핀란드 사람들이 각각의 명절 또는 기념일을 어떻게 보내는지, 그리고 어떤 전통이 그 뒤에 숨어 있는지 이야기하려고 한다. 문화적인 맥락상 2월부터 시작하기로 한다.

친구의 날 (Ystävänpäivä)

친구의 날 브런치(Saana Laukka)

핀란드 사람들도 2월 14일에 발렌타인데이를 기념하기는 하지만, 이를 커플이나 연인의 날로만 간주하지 않는다. 핀란드어가 의미하는 바를 문자 그대로 번역하면 '친구의 날'이 된다. 비록 미국처럼 성대하게 기념하지는 않지만 '친구의 날' 답게 이 날을 맞아 친구들에게 마음을 담은 카드와 작은 선물을 전한다. 일반적으로 아이들은 학교에서 친구들을 위해 카드를 만드는데, 각 학교는 그 학교만의 전통을 갖고 있는 경우가 있다. 내가 다니던 학교에서는 그날이 되면 종이를 오려서 만든 큰 하트에 학교 친구들의 이름을 적어 달라고 하거나 서명을 받아 모았다. 또한 수업 시간에 친구들에게 카드를 나눠 주기도 했다. 이런 이벤트는 보통 고등학교에서 흔하게 볼 수 있다.

고등학교에서는 친구의 날을 기념하는 방식에 다양한 전통이 있을 수 있지만 초등학교나 중학교에서는 이 날을 위해 특별한 이벤트를 하는 경우가 별로 없다. 그러나 성인이 되면 이 날을 친구들과 어울려서 함께 브런치를 먹는다든가, 영화를 보러 간다든가, 또는 서로에게 작은 선물과 카드를 주는 우정의 표현 등으로 기념한다. 커플들도 꽃, 카드, 선물 등을 주고받고 데이트를 하며 이 날을 즐긴다.

라스끼아이넨 (Laskiainen)

라스끼아이넨은 부활절과 깊이 관련되어 있다. 따라서 날짜가 부활절과 함께 해마다 달라진다.

보통 부활절 일곱 주 전인 2월 또는 3월 중 라스끼아이넨 기간에 해당되는 일요일과 화요일에 걸쳐 기념된다. 종교성을 띠고 있는 라스끼아이넨은 해당 화요일 다음 날인 재의 수요일(Tuhkakeskiviikko)이라고 불리는 날 끝난다. 라스끼아이넨에 걸치는 일요일과 화요일은 2025년의 경우 3월 2일과 4일, 그리고 2026년에는 2월 15일과 17일이 된다.

이 명절 동안 친구나 가족과 함께 썰매를 타러 가는 것이 전통이다. 헤르네께이또(hernekeitto)와 라스키아이스뿔라(laskiaispulla)는 이 명절 동안 사람들이 즐겨 먹는 전통 음식이다. 헤르네께이또는 완두콩 스프이다. 그리고 라스키아이스뿔라는 약간의 잼과 생크림으로 가득한 빵이다. 이 빵 안에 넣는 가장 흔한 재료는 딸기 잼, 라즈베리 잼, 아몬드 잼 등이다. 이 세 가지 외에도 블루베리 잼, 자두 잼, 카라멜 등 여러 가지 색다른 맛이 지난 수년 동안 더해졌다. 비록 이처럼 잼의 종류는 다양해질 수 있겠으나 생크림 만큼은 빠짐없이 반드시 들어가야 한다. 라스키아이스뿔라는 핀란드인들이 가장 좋아하는 간식이며 라스끼아이넨의 가장 전통적인 측면이기도 하다.

라스끼아이스뿔라
https://pixabay.com/fi/photos/laskiaispulla-kermapulla-pulla-4015140/

부활절 (Pääsiäinen)

부활절은 보통 3월이나 4월에 기념되지만 그 날짜는 매년 달라진다. 그리고 부활절 이전에 종려주일(palmusunnuntai)을 먼저 기념한다. 이 종려주일 기간 중에 아이들은 마녀로 변장하고 이웃집을 돌아다니며 장식된 버드나무 가지를 선물한다. 장식된 버드나무 가지를 주는 대신 아이들은 사탕과 같은 작은 대가를 받는다. 그리고 이어서 같은 주에 성 금요일(pitkäperjantai)을 맞이한다. 부활절을 기념하는 기간에 포함된 성 금요일 날 기독교인들은 예수님의 죽음을 기억한다. 부활절 당일은 일요일이지만 그 기간은 그 다음 날인 월요일까지 계속된다. 부활절 기간 동안의 행사에는 어린이들의 달걀 초콜릿 사냥이 포함되기도 한다. 사람들은 부활절 음식으로 양고기, 달걀 초콜릿, 검정색 푸딩 모양의 맘미(mämmi) 등을 먹는다.

맘미
카카오 AskUp AI 생성 이미지

부활절 달걀
https://pixabay.com/fi/photos/p%C3%A4%C3%A4si%C3%A4inen-munat-v%C3%A4rik%C3%A4s-1240521/

때때로 사람들은 계란을 삶아서 알록달록한 색으로 칠하기도 한다.

근로자의 날 (Vappu)

근로자의 날인 5월 1일은 핀란드어로 바뿌(vappu)이다. 핀란드인들에게 있어 근로자의 날은 새 생명이 시작하는 계절인 봄과 근로의 원천인 노동력을 상징하는 날이다. 근로자의 날을 일주일 전부터 기념하기 시작하는 이들도 있지만, 4월 30일과 5월 1일 양일간 기념하는 것이 일반적이다. 엄밀히 말하자면 5월 1일이 공식적으로 유일한 근로자의 날이기 때문에 일부는 5월 1일 당일만 기념한다. 핀란드에서는 다양한 방식으로 이 날을 기념한다. 사람들은 친구나 가족과 함께 피크닉을 가서 근로자의 날을 대표하는 음식과 음료를 먹고 마신다. 이러한 음식의 예로 뭉끼(munkki)라고 부르는 도넛과 대략 라면을 둥글게 뭉쳐 놓은 모양의 띠바레이빠(tippaleipä)가 있다. 이 날의 시그니처로 알려진 음료는 씨마(sima)라고 하는 탄산음료이다. 많은 사람들이 이 날 축하 행사에서 스파클링 와인을 마시기도 한다. 근로자의 날을 기념하는 기간 동안 사람들은 색색의 종이 리본과 풍선으로 집을 꾸미기도 한다. 아이들은 이 공휴일을 맞이하는 방식으로 학교에서 특이한 의상을 입기도 한다. 고등학교 졸업생들은 흰색 졸업 모자를 쓰고 친구나 가족과 함께 이 날을 축하한다. 고등학교 졸업자들은 근로자의 날을 기념하는 방편으로 흰색 졸업 모자

근로자의 날을 기념하는 용품들
https://pixabay.com/fi/photos/vappu-serpentiini-juhla-2272713/

를 착용하는 것이 관례이다. 따라서 남녀노소 누구나 고등학교를 졸업한 자들은 이 날 흰색 고등학교 졸업 모자를 쓰고 다닌다.

어머니 날 (Äitienpäivä)

핀란드의 어머니 날(äitienpäivä)은 5월 둘째 주 일요일이다. 어머니 날에는 어머니들에게 꽃, 카드, 작은 선물 등을 선물한다. 아이들은 학교에서 어머니를 위해 작은 선물이나 카드를 만드는 것이 일반적이다. 가족들은 이 날 어머니와 온 가족을 위해 집에서 작은 이벤트를 준비하거나 식당에서 식사를 하는 것이 보통이다. 일부 가족들은 할머니가 된 어머니와 이 날을 축하하기 위해 손자손녀들을 데리고 본가를 방문한다.

하지 (Juhannus)

하지를 핀란드어로 유한누스(juhannus)라고 하는데, 핀란드의 북부에서는 해가 전혀 지지 않으며 일 년 중 가장 밝은 날이다. 그래서 다른 명칭으로 '밤이 없는 밤(yötön yö)'이라고 한다. 하지 휴가는 이틀 동안 지속되는데 2025년에는 그 날짜가 6월 20일과 21일이었다. 2026년에는 6월 19일과 20일이 될 것이다. 많은 핀란드 사람들이 여름 별장에 가서 친구나 가족과 함께 하지를 즐긴다. 어떤 이들은 가족이나 친구들과 함께 별장에서 장난기 가득한 '한여름 올림픽' 또는 '하지 올림픽'을 개최한다. 사람들은 요트 타기, 몰키 놀이, 다트 던지기, 수영하기, 피크닉 등 다양한 야외 활동을 한다. 한여름 모닥불(juhannuskokko)도 핀란드의 전통적인 하지 행사 중 하나이다. 하지 기간 동안 다양한 종류의 음식을 먹는 경향이 있으며, 그래서인지 모든 가정의 하지 식탁은 특별해 보인다. 이때 사람들은 버터와 다진 파를 곁들인 감자를 비롯해 청어, 연어, 가재, 딸기, 라즈베리, 수박 등 다양한 음식을 먹는다. 그리고 소시지, 스테이크, 옥수수, 치킨 등으로 바비큐를 즐긴다. 또한 많은 사람들이 '하지 사우나'를 즐기는 전통이 있다. 일부 사람들은 손으로

한여름 모닥불
https://pixabay.com/fi/photos/juhannuskokko-suomi-juhannus-141267/

유한누스 음식(Saana Laukka)

꽃을 엮어 머리에 얹기도 한다. 핀란드에는 하지와 관련해 예로부터 전승되어 오는 미신들이 있는데 일부 사람들은 그것들을 여전히 따르고 싶어한다. 예를 들어, 하지 기간 동안 일곱 가지 허브나 꽃을 따서 베개 아래 넣고 자면 꿈에서 미래의 배우자를 보게 된다는 식이다.

모든 성인 대축일 (Pyhäinpäivä)

모든 성인 대축일은 11월 초에 기념한다. 이 날 사람들은 가족이나 친지의 무덤에 촛불을 들고 가서 밝힌다. 할로윈도 모든 성인 대축제일과 비슷한 시기이지만 핀란드에서는 이 둘이 서로 완전히 다르게 기념된다. 할로윈은 신나고 흥겨운 축제인 반면 모든 성인 축제일은 조용하고 평화로운 휴일이다.

아버지 날 (Isänpäivä)

헬싱키 국립 묘지: 타지에 묻힌 고인들을 기리는 촛불(Saana Laukka)

핀란드의 아버지 날은 11월 둘째 주 일요일이다. 아버지의 날에도 어머니의 날과 마찬가지로 아버지들에게 꽃, 카드, 작은 선물 등을 전한다. 아이들은 학교에서 아버지를 위해 작은 선물을 만든다. 가족들이 아버지를 위해 집에서 작은 이벤트를 준비하는 것도 일반적이다. 일부 가족은 식당에서 식사를 하기도 한다. 그리고 할아버지가 된 아버지와 이 날을 축하하기 위해 손자손녀들을 데리고 본가를 방문하는 가족들도 있다.

독립기념일 (Itsenäisyyspäivä)

핀란드는 1917년 러시아로부터 독립했다. 독립기념일로 정해진 12월 6일은 기쁨이 넘치는 경사스런 날이지만 약간 구슬픈 방식으로 기념된다. 핀란드의 독립기념일 축하 행사는 여러 전통을 따른다. 예를 들어, 국민 대부분이 에드빈 레인(Edvin Laine) 감독의 영화 '무명의 병사들(Tuntematon sotilas)'을 시청한다. 이 영화는 1955년 영화관에서 처음 개봉됐는데 배이노 린나(Väinö Linna)가 쓴 소설이 원작이다. 놀랍게도 이는 여전히 핀란드 영화관에서 가장 많이 관람된 영화이기도 하다. 독립기념일에는 여러 단체의 행진과 퍼레이드 행사도 있다. 대부분의 핀란드 국민은 이 날 저녁 대통령궁에서 개최하는 독립기념일 리셉션 행사를 텔레비전으로 시청한다. 이 경축 리셉션은 참가자들의 복장만 보더라도 매우 전통적인 격식을 차린 행사이다. 대통령 내외가 나란히 사회의 각계각층 인사와 각국 대사들을 일일이 직접 맞이하고, 음악이 연주되고, 인터뷰를 하고, 왈츠를 추는 것을 포함한다. 독립기념일에는 순록 고기, 으깬 감자, 월귤과 같은 핀란드 음식를 먹는 것이 일반적이다. 특히 까르얄란빠이스띠(karjalanpaisti)라는 스

1965년 독립기념일 리셉션에서
우르호 께꼬넨(Urho Kekkonen) 대통령 내외가
배우 따르모 만니(Tarmo Manni)를 맞이하고 있다.
https://fi.wikipedia.org/wiki/Itsen%C3%A4isyysp%C3%A4iv%C3%A4n_vastaanotto#/media/Tiedosto:Manni-Kekkonen-1965.jpg

핀란드 전통 음식 까르얄란빠이스띠

까르얄란삐이라까

튜 스타일의 전통 요리를 즐긴다. 또한 삶은 달걀을 버터와 함께 으깨어 그 위에 올려 먹는 까르얄란삐이라까(karjalanpiirakka)도 이 날 사람들이 즐겨 먹는 음식이다.

크리스마스 (Joulu)

크리스마스는 핀란드에서 가장 중요한 명절이다. 대부분의 핀란드 사람들은 12월 24일을 이 명절의 주된 날로 생각한다. 이때가 되면 사람들은 집에 크리스마스 트리를 구해서 장식한다. 대부분 크리스마스 선물도 24일에 주고 받는다. 물론 25일에 선물을 주고 받는 사람들도 있다. 비록 12월 24일이 주된 날이라고 여겨도 대부분의 가정이 양일을 모두 크리스마스 명절로 즐기며 보낸다. 크리스마스 식탁에는 전통적으로 크리스마스 햄, 비트 뿌리로 만든 로솔리(rosolli) 샐러드, 그리고 북유럽의 순무로 만든 루따바가(rutabaga) 캐서롤, 당근 캐서롤, 으깬 감자 캐

우리집의 크리스마스 장식과 식탁(Saana Laukka)

서롤, 간 캐시롤 등과 같은 각종 핀란드 전통 캐서롤들이 올려진다. 그밖에 연어나 칠면조를 먹기도 한다. 크리스마스 시즌의 단맛 나는 음식으로는 생강 쿠키와 민스파이(mince pie)가 있다. 민스파이에는 전통적인 속재료가 들어가지만 라스키아이스뿔라와 마찬가지로 수년 동안 다양한 변형이 시도되었다. 전통적인 속재료는 자두 잼이지만 흥미로운 변형으로 새로 나온 녹색 잼의 민스 파이도 있다. 크리스마스 식탁에는 다양한 종류의 요리가 올라가는데 때로는 크리스마스 식탁에 올려야 할 음식과 올리지 말아야 할 음식에 대해 가벼운 논쟁이 벌어지기도 한다. 이 기간 동안 사람들은 크리스마스 캐롤을 즐겨 듣고 부른다. 평소에 교회에 나가지 않던 이들도 이 날은 찬송가와 크리스마스 캐롤을 소리 높여 부르면서 예수 그리스도의 탄생을 기념하

헬싱키 대성당

고 찬양의 기쁨을 누리기 위해 교회 예배에 참석한다. 크리스마스는 가족, 친척, 가까운 사람들과 함께 보내는 핀란드 최대의 명절이다. 스마트폰이 생기기 전에는 크리스마스 카드를 보내는 것이 관례였다. 카드를 여전히 주고받기는 하지만 요즘은 전화를 하거나 문자를 보내는 것을 더 선호하게 되었다.

새해 (Uusivuosi)

핀란드에서는 1월 1일에 시작하는 새해를 그 전날 12월 31일에 경축하는 것이 일반적이다. 묵은 해의 마지막 날 핀란드 전역에서 불꽃놀이를 한다. 18세 이상이면 상점에서 불꽃놀이 용품을 구입할 수 있다. 불꽃놀이 시간은 12월 31일 오후 6시에 시작

친구들과 함께 했던 새해 전야 음식(Saana Laukka)

하여 1월 1일 새벽 2시에 끝난다. 어떤 가족은 이웃과 함께 새해 첫날을 보내기도 한다. 청소년과 청년층은 친구들과 함께 새해를 보내는 경향이 있지만 물론 일부는 가족과 함께 보내기도 한다.

주현절 (Loppiainen)

주현절은 학생들에게 개학 전 방학의 마지막 날이 되지만 성인들은 출근해야 한다. 주현절까지 크리스마스 장식을 치우지 않았다면 정리해야 하고 남은 크리스마스 음식이 있다면 먹어 없애는 것이 관례이다. 이 날 사람들은 아기 예수님을 위해 선물을 가져온 세 명의 동방박사를 떠올린다. 주현절이 대단한 명절이거나 축제일은 아니지만 많은 사람들에게 새해의 일상으로 다시 돌아가기 전 심기일전하는 마지막 날이다.

핀란드에 이보다 더 많은 명절과 기념일이 있지만 이 정도만 소개하고자 한다. 핀란드는 복음주의 루터교 국가이기 때문에 국교와 관련된 명절이 많다. 하지만 모든 명절이나 기념일이 종 교적인 것은 아니며 사람들이 모두 그렇게 인식하지도 않는다. 명절의 전통이 과거에 종교성을 띠었다 하더라도 이젠 더 이상 그렇지 않을 수도 있다. 현대 사회에서 무엇보다 중요한 것은 명절이나 기념일에 가족이나 친구들과 시간을 보낸다는 것이다.

참고 자료

"Suomalaiset juhlapäivät(Finnish Holidays)." InfoFinland, City of Helsinki, 8 Aug. 2025, www.infofinland.fi/fi/information-about-finland/finnish-holidays. Accessed 19 Oct. 2025.

사진 출처

https://pixabay.com/fi/photos/laskiaispulla-kermapulla-pulla-4015140/

https://pixabay.com/fi/photos/p%C3%A4%C3%A4si%C3%A4inen-munat-v%C3%A4rik%C3%A4s-1240521/

https://pixabay.com/fi/photos/vappu-serpentiini-juhla-2272713/

https://fi.wikipedia.org/wiki/Juhannus#/media/Tiedosto:Midsommardans_av_Anders_Zorn_1897.jpg

https://pixabay.com/fi/photos/juhannuskokko-suomi-juhannus-141267/

https://pixabay.com/fi/photos/penkki-lehdet-yrttej%C3%A4-pyyhkeet-6761310/

https://fi.wikipedia.org/wiki/Itsen%C3%A4isyysp%C3%A4iv%C3%A4n_vastaanotto#/media/Tiedosto:Manni-Kekkonen-1965.jpg

https://pixabay.com/fi/photos/kansainv%C3%A4linen-banneri-lippu-suomi-2684761/

차가운 바람
속에서도
자유는 꺼지지
않았다.

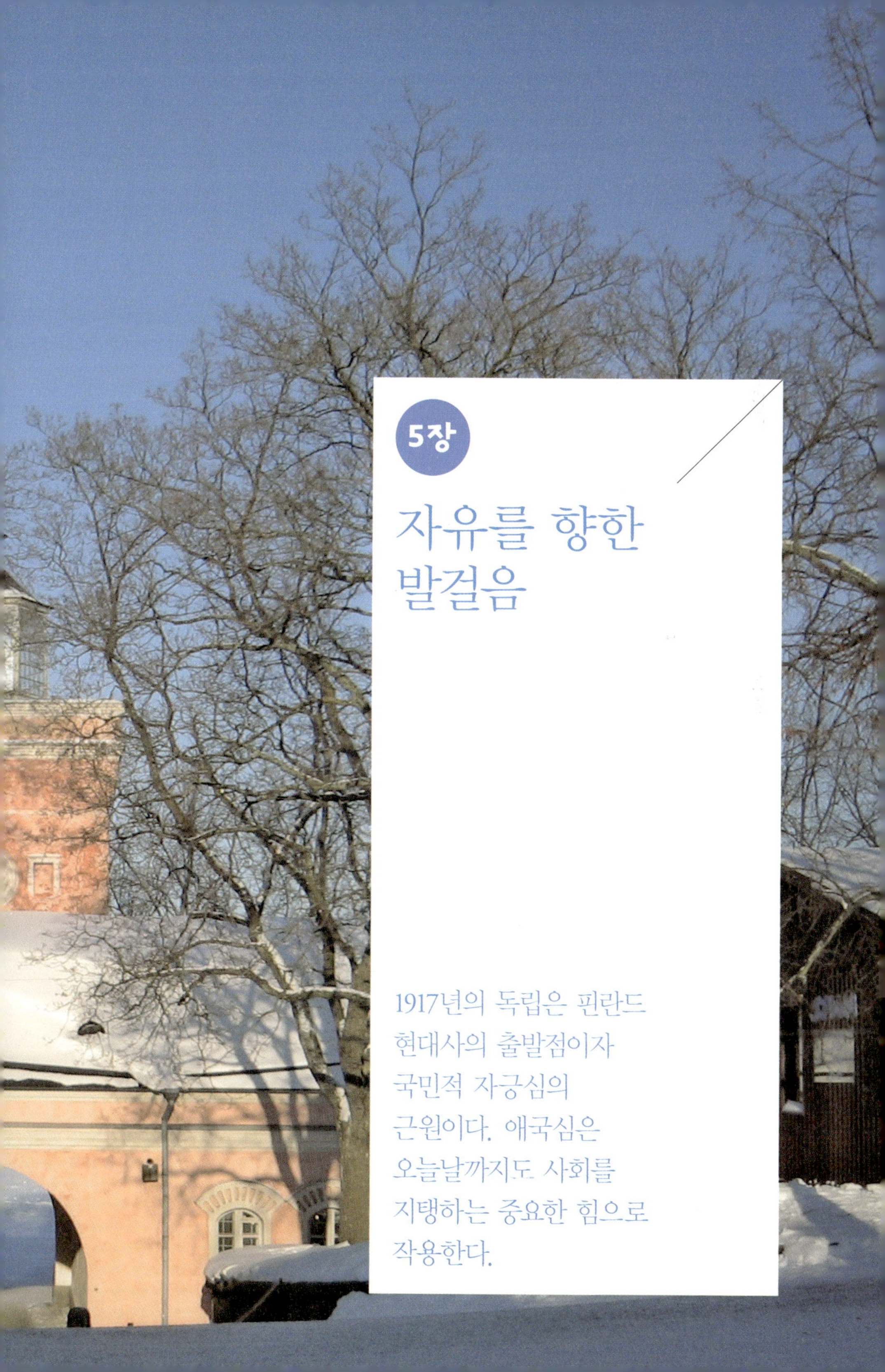

5장

자유를 향한 발걸음

1917년의 독립은 핀란드 현대사의 출발점이자 국민적 자긍심의 근원이다. 애국심은 오늘날까지도 사회를 지탱하는 중요한 힘으로 작용한다.

1917년 독립, 그리고 애국심

멜리사 칸가스니에미 _ Melissa Kangasniemi

핀란드 국민들은 조국을 위해
용감하게 싸운
참전 용사들을 존경한다.
매년 4월 27일은
국가 참전 용사의 날이다.

핀란드는 1200년대부터 1809년까지 스웨덴 왕국의 일부였으나 그 후 100여년 간 러시아 제국의 일부가 되었다. 러시아 제국의 지배를 받을 당시 핀란드는 핀란드 대공국(Grand Duchy of Finland)이라고 불렸는데 러시아 제국의 다른 지역에 비해 상당한 자치권을 누렸다. 처음에는 상황이 좋아 보였고, 핀란드가 스웨덴의 일부였을 때보다 더 나았을지도 모른다. 그러나 상황이 바뀌었다. 1800년대가 지나면서 러시아의 통치는 가혹해지기 시작했고, 1914년에서 1918년에 걸쳐 제1차 세계 대전을 겪으면서 러시아 제국은 물론 핀란드 대공국도 그 영향을 받았다. 식량이 부족해지고, 핀란드 사람들도 러시아 사람들과 마찬가지로 큰 고난을 겪으면서 20세기 초 러시아 황제를 더 이상 신뢰하지 않게 되었다. 1917년 2월 혁명 이후, 핀란드 대공국의 상황은 새로운 임시 지도자들의 출현으로 불분명해졌다. 한편, 1830년대부터 루네베리(Runeberg), 뢴로트(Lönnrot), 스넬만(Snellman)과 같은 작가들과 악셀리 갈렌-칼렐라(Akseli Gallen-Kallela)와 같은 예술가들은 핀란드와 핀란드 국민의 민족 정체성을 구축하고 독립을 향한 열망의 토대를 마련하고자 노력했다.

1917년 11월 10월 혁명으로 볼셰비키가 러시아를 장악한 이

후[1] 1917년 12월 6일 핀란드는 독립을 선언했는데 이 날이 오늘날 핀란드의 독립기념일인 국경일이 되었다. 볼셰비키 정부는 1917년 12월 말 핀란드의 독립 선언을 수용했다. 그리고 1918년 초에는 독일, 프랑스, 스웨덴도 핀란드의 독립 선언을 인정했다. 하지만 그 이후로 핀란드의 독립은 여러 차례 위협을 받았다.

그 첫번째 위협으로 1918년 핀란드는 내전을 겪으며 독일 제국의 지원을 받는 백색군과 소련의 총기 지원을 받는 적색군으로 나뉘었다. 백색군의 주요 지지층은 전통적인 진영으로 간주되는 농민, 중산층, 구귀족이었다. 적색군의 주요 지지층은

1939년 12월 2일
카렐리안 지협에서 피난 가는 모습

1 러시아는 세계 대부분 지역과 약간 다른 달력을 사용했기 때문에 달력의 월이 일치하지 않는다.

도시의 노동계급과 학계였다. 이들은 사회주의 혁명 세력으로 여겨졌다. 적색군은 소련의 지원을 받았는데, 소련은 적색군이 승리하게 되면 핀란드가 소련의 일부가 되기를 원할 것이라고 예상했을 가능성이 크다. 그러나 적색군 중 상당수는 소련의 일부가 아닌 독립적인 소비에트 핀란드를 원했다. 내전 중 약 3만 8천 명이 사망했다. 전쟁은 1918년 5월 15일 백색군의 승리로 끝났고, 러시아의 영향력은 사라졌다.

핀란드가 독립의 위협을 받았던 그 다음 사태는 '겨울 전쟁'이었다. 소련의 침공에 대응하여 핀란드는 1939년 11월부터 1940년 3월까지 '겨울 전쟁'이라 명명된 전쟁을 겪어야 했다. 이때 여러 전투에서 소련의 진격을 저지했지만, 병력 규모 차이로 결국 패배가 불가피해 보였다. 30만~35만 명의 핀란드군과 32

대의 전차, 114대의 항공기가 3,000대의 전차와 3,000대가 넘는 항공기를 보유한 최대 100만 명의 소련군과 맞섰다.

따라서 핀란드 측의 목표는 승리라기보다는 평화가 이루어질 때까지 방어를 유지하고 가능한 한 손실을 최소화하는 것이었다. 하지만 스탈린이 자신의 지위에 대한 우려와 편집증으로 가장 유능한 군 지도부를 숙청했을 뿐 아니라 몇 주 안에 쉽게 승리할 것으로 오판했던 소련은 겨울 전쟁에 대한 준비가 부족했다. 한편 핀란드는 육상 및 게릴라 전술에 익숙했기 때문에 지상전에 어느 정도 유리한 입장에 있었는데 이 전쟁에서 몰로토프 칵테일(Molotov Cocktail)이라는 용어가 유래되기도 했다. 소련의 소이성 집속탄이 핀란드에 투하되었다. 소련 외무장관 몰로토프는 단순히 "굶주리는 이웃에게 식량을 지원"하는 것이라고 주장했고, 이 때문에 집속탄은 조롱조로 "몰로토프의 빵 바구니"라는 별명이 붙었다. 이후 핀란드 병사들은 소련 전차에 사용된 병입형 소이탄을 농담조로 "몰로토프의 칵테일"이라고 부르기 시작했다. "그의 식량꾸러미에 따라주는 음료"라는 뜻이다. 전쟁 중 핀란드는 군인 2만 5천 명 이상과 민간인 1천 명 미만이 목숨을 잃었다. 하지만 소련군 사망자 수는 12만 5천 명이 넘었다. 전쟁을 종식시킨 모스크바 평화 조약은 핀란드 영토의 일부가 이제 소련에 속한다고 선언했다. 이 지역 대부분은 당시 나의 할머니가 사시던 카렐리야(Karelia) 지역이었는데 전쟁으로 인해 그곳 주민들은 집을 떠나 핀란드의 다른 지역으로 이주해야 했다.

1940년 12월 6일
헬싱키 대성당 광장의 독립기념일 퍼레이드

핀란드의 독립은 1941–1944년 '계속 전쟁(Continuation War)'으로 다시 위협을 받았다. '계속 전쟁' 동안 핀란드는 이전에 빼앗긴 지역을 되찾았고 많은 사람들이 고향으로 돌아갔다. 핀란드는 당시 소련에 살고 있던 카렐리야 사람들을 해방하려고 시도했고 이는 상당히 성공적이었다. 그러나 1944년 전쟁을 끝낸 모스크바 휴전 협정은 이 지역을 소련에 반환해야 한다고 선언했다. 이 조건은 1947년 파리 강화 조약으로 확정되었다. 이번에는 핀란드 측 사망자 수가 약 6만 3천 명, 소련 측 사망자 수가 약 20만 명이었다. 겨울 전쟁과 계속 전쟁 동안 총 약 42만 명이 고향을 떠나 이주해야 했다. 이는 당시 핀란드 전체 인구의 약 12%였다.

주황색으로 표시된 카렐리아야는
2차 세계 대전에서 소련에 양도된 지역이다.

전쟁은 온 나라에 영향을 미쳤다. 나의 외할아버지는 1935년에 태어나 전쟁터에서 멀리 떨어진 핀란드 서부에서 살았다. 할아버지는 어렸을 때 전쟁 포로로 잡힌 러시아 군인들이 할아버지의 가족의 방앗간으로 보내져 일하게 되었던 일을 아직도 기억하고 계신다. 할아버지는 당시 상황을 정확히 알기에는 너무 어렸지만, 그 군인들이 근면하고 많은 도움이 되었으나, 전쟁 포로 귀환으로 러시아로 돌아가야 할 때 울부짖었다는 것을 기억하신다. 전반적으로 많은 러시아 군인들이 귀환되어 소련에서 수치를 당하고 심지어 죽을지도 모르는 상황이었다. 결국 그들 대부분은 전쟁 포로로 잡힌 것에 대한 처벌로 소련의 가혹한 노동 수용소로 보내졌다.

라플란드 전투는 1944년에서 1945년 사이에 핀란드와 독일 사이에서 벌어졌다. 이 전투는 제2차 세계 대전의 여파로 발생했다. 모스크바 정전 협정에 따라 핀란드는 라플란드에 주둔한 독일군을 몰아내야 했고, 라플란드 전쟁은 이를 위한 노력으로 발생했다. 두 나라 모두 공식적으로 전쟁을 선포하지는 않았지만, 독일군이 노르웨이로 도주할 때까지 많은 병사들이 목숨을 잃었다. 라플란드 전쟁은 핀란드의 독립에 직접적인 위협은 아니었지만, 독일군을 몰아내지 않았다면 소련이 적대 행위를 재개할 명분을 얻을 수 있었을 것이다.

1947년부터 1991년까지의 냉전 기간 동안 핀란드는 주요 참전국은 아니었지만, 그 갈등은 여전히 핀란드에 영향을 미쳤다. 핀란드 국민들은 국가가 끊임없이 강성해지기를 추구하거나 서방 강대국과 지나치게 가까워질 경우 발생할지도 모를 소련의 침략을 두려워했다. 핀란드는 전쟁 내내 중립을 유지하려 노력했지만, 소련은 다른 여러 이웃 국가들처럼 핀란드를 꼭두각시 국가로 만들려는 듯했다. 그러나 핀란드는 미국의 마셜 플랜 경제 지원을 받아들이지 않았고, 소련의 적대적인 태도를 자극하지 않기 위해 서방의 군사 동맹에 가입하는 것을 피했다. 또한 소련의 다른 이웃 국가들과 달리 바르샤바 조약기구에 가입하는 것도 피했다. 바르샤바 조약기구 가입은 핀란드를 소련의 지배 하에 두는 것이었다. 핀란드가 중립을 유지하는 데 성공한 예는 미국과 소련 간의 전략무기제한협상(SALT) 개최지로 헬싱키가 선정된 데서 확인할 수 있다. 반면, 핀란드는 양측 모두 전적으로 신뢰하지 않았다. NATO 지도부는 핀란드를 분쟁 발생 시 소련의 잠재적 동맹국으로 간주했고, 동시에 동구권은 핀란드에 대한 감시 활동에 매우 적극적이었다. 다행히 핀란드는 이러한 시기에도 독립을 유지할 수 있었다.

나의 친할머니는 1929년 2월 7일 카렐리야에서 태어나셨다.

겨울 전쟁이 발발했을 때 할머니는 겨우 열 살이셨다. 증조 할아버지께서 전쟁에 나가셔야 했기에 할머니는 증조 할머니와 함께 집에 머물러 있었다. 내가 어렸을 때 할머니는 그 겨울의 공포와 그 당시의 일상이 얼마나 끔찍했는지 이야기해 주시곤 했다. 학교에서 걸어서 집에 돌아오다가 비행기가 보이거나 지나가는 소리가 들리면 곧바로 눈 속으로 뛰어들어 숨었다. 눈 속에 파묻힌 채 어두워져 보이지 않을 때까지 기다려야 했고, 한참이 지나서야 다시 움직일 수 있었다. 때로는 몇 시간이 걸리기도 했다. 공습 등으로 인해 바깥에 나가 돌아다니면 안 되는 위험한 날이 언제인지 도무지 알 수 없었지만, 사람들은 삶을 이어가야 했다. 결국 상황은 악화되어 집과 입양했던 고양이까지 버리고 떠나야 했다. 할머니와 증조 할머니는 핀란드 수도권으로 떠나셨다. 그 새로운 삶의 터전에 아는 사람이 아무도 없었기에 다른 사람들의 친절에 의지하여 머물 곳을 찾아야 했다. 그들은 전차에서 낯선 사람을 만났는데, 그 사람이 소파에서 묵게 해 주겠다고 했다. 할머니가 자란 지역은 오늘날에도 여전히 러시아 영토이다. 당시 그 지역에 살던 사람들 중 일부는 제때 떠나지 못해서 전쟁 중에 죽었거나, 지금까지 러시아에 살고 있다. 어떤 사람들은 시베리아의 노동 수용소로 강제 이송되었다. 나는 할머니 고향을 한 번도 방문한 적이 없다. 이처럼 전쟁으로 말미암아 많은 사람들이 살아남기 위해 집을 버리고 삶을 바꿔야 했다는 사실이 너무나 억울하게 느껴질 것 같다.

겨울 전쟁 이후 러시아의 영토가 된 카렐리야 문화의 상당 부분이 사라졌지만 핀란드는 그 지역의 전통 음식을 상당 부분 자국 문화로 유지해 왔다. 그럼에도 불구하고 카렐리야어는[2] 사용이 금지되면서 많은 사람들이 카렐리야어를 잊어버렸고, 오늘날 카렐리야어를 아는 사람은 수천 명에 불과하다. 카렐리야 사람들이 핀란드의 다른 지역 문화에 적응해야 했기 때문에 그들의 많은 전통이 사라졌다.

'알려지지 않은 군인'의 도서 표지
WSOY, Martti Mykkänen

핀란드 독립 투쟁은 예술을 통해 생생하게 드러났다. 문화는 핀란드의 끈질긴 역사를 기억하는 아름다운 방법이다. 핀란드 독립과 관련된 가장 주목할 만한 미디어 작품 중 하나는 바이뇌 린나(Väinö Linna)의 저서 '알려지지 않은 군인(*Tuntematon Sotilas*)'과 이를 바탕으로 한 여러 편의 영화이다. 바이뇌 린나는 계속 전쟁 당시 자신의 경험을 바탕으로 1954년에 이 책을 집

2 카렐리야 지역은 원래 핀란드의 일부였다. 카렐리야어는 핀란드어만큼 오래되었으며 핀란드어와 매우 밀접한 관련이 있다. 카렐리야어는 핀란드 동부의 핀란드 방언과 많은 유사점을 공유하지만, 별개의 언어이다. 카렐리야어와 마찬가지로 카렐리야 문화의 역사는 핀란드만큼 오래되었다. 지리적으로는 카렐리야가 핀란드의 일부였지만, 카렐리야 사람들은 다른 핀란드 사람들과 문화적으로 분리되어 있다고 느꼈다.

필했는데, 이 책은 핀란드 문화의 중요한 자산으로 여겨진다. 1955년 제작된 영화는 2000년 이후 매년 독립기념일마다 TV에서 방영되었지만, 오늘날 많은 사람들은 2017년에 리메이크된 최신 버전에 더 익숙하다.

'피난민의 노래(Evakon laulu)'는 베이코 라비(Veikko Lavi)가 작곡한 핀란드의 유명한 노래로, 전쟁 중 카렐리아에서 일어난 사건을 카렐리아를 떠나는 어린이의 관점에서 묘사한다. 이 노래는 베이코 라비의 반주자 페르티 후수(Pertti Husu)의 실제 이야기에서 영감을 받았다. 이 노래는 1985년 가수 안넬리 사리스토(Anneli Saaristo)에 의해 유명해졌다. 이 노래는 "Illalla kun äiti peitti mua nukkumaan en aavistanut mitä aamu tuopi tullessaan(밤에 엄마가 나를 침대에 눕혔을 때 아침이 어떻게 될지 몰랐습니다)"으로 시작하여 "Mie istuin pienen veljen kanssa siinä pellon laidalla kerroin hälle kuinka kaunis oli kerran Karjala(저는 남동생과 함께 들판 가장자리에 앉아 한때 카렐리아가 얼마나 아름다웠는지 말해 주었습니다)"로 끝난다.

핀란드 국민들은 조국을 위해 용감하게 싸운 참전 용사들을 존경한다. 매년 4월 27일은 국가 참전 용사의 날이다. 독립기념일에는 대통령이 대통령궁에서 성대한 리셉션을 주최하는데, 생존 참전 용사들은 항상 영빈으로 초대된다. 이 만찬은 TV로 중계되며, 매년 변함없이 핀란드 TV에서 가장 많이 시청되는 프로그램 중 하나이다. 세월이 흐르면서 매년 독립기념일에 참석할 수 있는 참전 용사 수가 줄어들고 있다. 하지만 국민들의 감사하는 마음은 변함이 없다.

행복이라 부르지
않아도, 조용한
만족이 삶을
지탱한다.

6장

행복 너머, 만족이라는 이름

세계에서 가장 행복한
나라로 꼽히는 핀란드,
그러나 그 속의 사람들은
'행복'보다는 '만족'을
말한다. 행복에 대한
새로운 관점을 탐색한다.

행복이라기보다는 만족

헬랴 핸니넨 _ Helja Hänninen

핀란드는 세계에서
가장 행복한 나라이지만,
'행복하다'라는 단어 대신
'만족한다'라는 단어가
핀란드 국민의 마음을 더 잘
표현하는 것 같다.

나는 핀란드에서 태어나서 살아오면서 핀란드의 좋은 점과 나쁜 점을 모두 경험했다. 솔직히 핀란드가 세계에서 가장 행복한 나라로 선정되었다고 들을 때마다 나는 항상 놀랐다. 사실 핀란드 국민의 생활 수준이 높긴 하지만 상당수가 정신 건강 문제로 고통받고 있기 때문에 핀란드 국민이 얼마나 불행할 수 있는지 목격해야 했다. 지난 수십 년 동안 핀란드인의 신체성 질환(somatic illness) 치료는 상당히 개선되었지만 아쉽게도 정신 건강 치료에서는 그만큼의 변화를 볼 수 없다. 나는 이 글을 통해 핀란드 정신 건강 서비스의 장단점을 대략 이야기하고, 나아가 만연해 있는 정신 건강 위기에도 불구하고 핀란드가 어떻게 세계에서 가장 행복한 나라가 될 수 있는지 더 자세히 설명해 보고자 한다.

핀란드, 세계에서 가장 행복한 나라이지만 실제로 핀란드인들은 행복할까?

지금까지 8년 연속 핀란드는 세계에서 가장 행복한 나라로 선정되었다. 그러나 코로나 팬데믹 이후 특히 학생들에게 영향을 미친 정신 건강 위기가 있었다. 2016년 바사(Vaasa) 대학교의 보고에 따르면 핀란드에서는 매년 핀란드인의 20~25%가 정신 건강 질환을 앓고 있다. 그리고 2021년 핀란드 대학생들의 건강 및 웰빙 설문조사(KOTT: The Finnish Student Health and Well-being Survey)에 의하면 핀란드 학생의 3분의 1이 우울증과 불안 증상을 겪고 있다. 또한 약 절반의 학생이 정신적으로 지쳐 있다. 학생들의 정신 건강 문제는 매우 심각한 상황이라 비상사태로 묘사될 정도이다. 따라서 세계에서 가장 행복한 나라가 심각한 정신 건강 위기를 겪고 있는 국가라는 사실은 놀라운 일일 것이다.

특히 대학생들이 정신 건강 문제로 고통받고 있다. 젊은 세대의 의무 중 하나가 이전 세대가 구축한 복지 국가를 유지하는 것이기 때문에 이를 위협하는 정신 건강 위기는 심각한 문제이다. 이 의무를 이행하기 위해서는 핀란드 청년들이 자신의 분야에서 유능한 전문가로 성장할 수 있도록 대학에서 지식을 얻어야 한다. 그러나 특히 우울증과 불안에 시달리는 학생은 공부를 열심히 할 수 없으며, 학업에서 직면해야 하는 어려움으로 인해 중도 탈락할 수도 있다. 일부 사람들에게는 우울증이 직장이나 학업에 장애를 일으켜 재정적 문제와 어려움을 초래할 수 있다. 최악의 경우 우울증에 걸린 학생이 정부로부터 필요한 학비 보조금도 받지 못하고 아르바이트도 구하지 못해 학교와 사회에서 소외되어 재정적 절망에 빠질 수도 있다. 정신 건강 위기를 해결하지 못한다면 미래에 문제가 더 커질 수 있다.

정신 건강 위기는 문제를 부정하고 숨기는 대신 정부 차원에서 인식되어 왔으며, 문제의 해결책을 찾기 위한 노력이 이루어지고 있다. 이런 위기가 논의되면서 이를 해결하고자 그 원인을 인식하고 밝혀내기 위한 노력이 있었다. 특히 MIELI로 명명된 정신 건강을 위한 핀란드 협회는 정신 건강 문제에 대한 사회적 관심을 높이기 위해 힘써 왔다. 이 협회의 사명은 핀란드의 정신 건강을 증진하는 것뿐 아니라 그 문제도 예방하는 것이다. MIELI는 주로 공적 기금으로 자금을 지원받는 비영리 단체이다. MIELI 단체는 54개의 지역 회원 협회와 32개의 전국 협회로 구성되어 있는데 위기를 필요로 하는 사람들에게 도움을 주는 위기 헬프라인을 갖추고 있다.

인터넷에는 정신 건강에 대한 많은 정보가 핀란드어로 작성되어 있다. 예를 들어, 멘탈허브(MentalHub)의 정신건강센터(Mielenterveystalo) 웹사이트는 정신 건강에 대해 신뢰할 수 있는 정보를 제공한다. 이렇게 하면 정신 질환에 대한 부정적 인식 때문에 병원에 가고 싶지 않은 사람들도 온라인에서 도움을 받을 수 있다. 무엇보다도 이 정신건강센터는 모든 연령대를 위한 개방형 증상 척도와 자가 진료 프로그램을 제공한다. 자가 진료 프로그램은 전문가들에 의해 만들어지며 정신 건강을 개선하는 데 사용할 수 있다. 자가 진료 프로그램을 통해 사람들은 우울증, 염려, 강박적 행동, 불안정, 공격성, 알코올 중독, 섭식 장애, 이혼 위기 및 기후 관련 불안 등과 관련해 도움을 받을 수 있다.

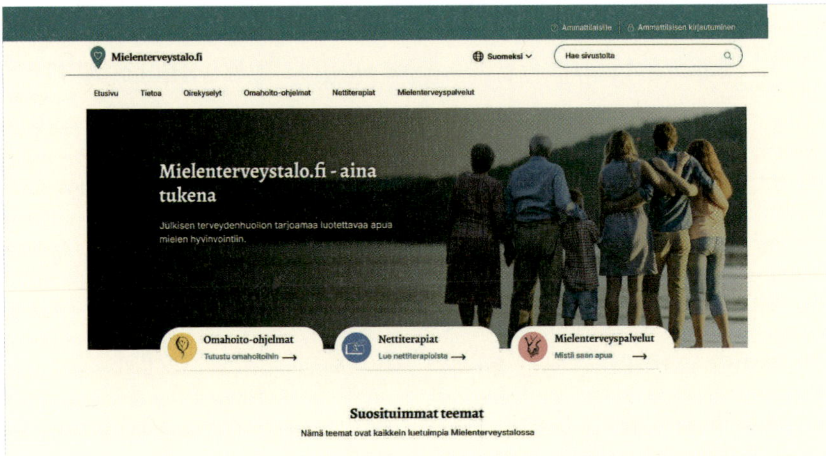

멘탈허브 정신건강센터 홈페이지

핀란드에서는 정신 건강 문제를 예방하기 위해 다양한 초기 예방 방법을 모색하고 있다. 이러한 방식으로 위험 요소와 예방 요소를 연구함으로써 정신 질환에 빠지는 경향을 줄이고 있다. 핀란드에는 거의 20개의 정신 건강 증진 프로그램이 자체 개발되었거나 다른 곳에서 도입되었으며, 그중 하나가 '좋은 학교(kiva koulu)' 프로그램이다. 이 프로그램은 학교 내 괴롭힘을 줄이고 예방하기 위해 뚜르구(Turku) 대학교에서 개발한 프로그램이다. 내가 다녔던 초등학교도 이 프로그램의 일부였고, 초등학교 시절부터 '좋은 학교' 프로그램 덕분에 학내 괴롭힘이 항상 매우 심각하게 받아들여진 것으로 기억하고 있다.

핀란드 정부는 정신 질환을 앓고 있는 사람들을 위해 재정적 지원을 제공한다. 대학교에서는 병가를 받을 수도 있다. 예를 들어 우울증 진단을 받은 사람들은 정부가 보장하는 심리치료를 받게 된다. 이는 다시 말해 정부가 환자 치료비의 일부를 지원한다는 뜻이다. 또한 정신 질환으로 실직한 사람들에게 사회복지제도는 월 소득을 보장하여 일상 생활에서 생존할 수 있도록 한다. 이렇게 하면 우울증에 빠진 사람이 혼자서 문제를 해결할 필요가 없고, 대신 사회복지 제도가 그 사람이 다시 일어설 수 있도록 도와주는 것이다.

비록 핀란드에 생존을 위해 홀로 고군분투해야 하는 사람이 없고 부의 재분배를 추구하는 세금 덕분에 소득 격차가 다른 나라에 비해 적기는 하지만, 저소득층은 값비싼 사설병원에서 신속하게 받을 수 있는 의료 서비스의 비용을 감당하기 어렵기 때문에 공공 의료 시설에서 진료를 받기 위해 터무니 없이 오래 기다려야 할 때가 있다. 실제로 핀란드에는 심리치료사가 충분하지 않아 도움이 필요한 사람들은 치료를 시작하기까지 오랜 시간을 기다려야 하는 경우도 있다. 2021년의 KOTT 연구에 따르면 학생의 30%만이 치료 시설에 접근할 수 있었으며, 이는 약 70%의 학생이 도움이 필요할 때 치료 시설에 직접 접근하지 못했다는 것을 의미한다. 핀란드에는 제도적 돌봄 시설이 충분하지 않기 때문에 일부 환자는 외래 진료를 통해 생존해야 한다(THL Finnish Institute for Health and Welfare 2022). 핀란드에는 심리 치료사가 충분하지 않기 때문에 사람들은 심리 치료 대신 간단한 상담을 받도록 안내된다. 이 때문에 진료가 너무 제한적이고 피상적이어서 최선의 결과를 얻지 못할 수 있다. 의사의 의뢰를 받아 접근할 수 있는 온라인 치료를 포함하여 이 문제를 해결하기 위한 노력이 이루어지고 있다. 온라인 치료에 대한 접근 기준을 낮추기 위한 노력 또한 이루어지고 있으며, 최근 몇 년 동안 그 치료의 유용성에 대한 인식이 높아졌다.

심리치료사 수가 적은 이유는 교육 비용 때문이라고 추정할 수 있다. 핀란드에서는 대학 교육이 거의 무료이지만, 이에 반해 헬싱키 대학교에서 심리치료사가 되기 위한 과정에서 교육을 받으려면 총 25,000~60,000유로 정도를 지불해야 한다. 핀란드에서 심리치료사 교육은 정신 건강 또는 유사한 고객 업무 경험이 있고 건강 또는 사회적 돌봄 학위를 받은 사람이 이수할 수 있는 보충 교육이다. 즉, 심리학자, 의사, 간호사가 심리치료사가 될 수 있다. 하지만 핀란드에서는 심리치료사 교육을 위해 간호사의 급여에서 충분한 금액을 절약하기 어려울 수 있다. 이러한 이유로 심리치료사 교육을 이수하고자 하는 모든 사람이 교육에 지원할 수 있는 것은 아니다. 심리치료사 교육 비용을 낮춘다면 더 많은 사람이 지원할 수 있게 되므로 향후 핀란드에 심리치료사가 더 많이 양성될 수 있을 것이다.

그러나 심리치료사의 수를 늘리는 대신 정신 건강 위기의 근본적인 요인을 억제하는 것이 더 효과적일 수 있다. 세계에서 가장 행복한 나라가 어떻게 그렇게 많은 정신 건강 문제를 겪을 수 있을까? 많은 사람들이 핀란드의 우울증과 관련하여 날씨가 원인이 아닐까 의심한다. 겨울에는 춥고 어두워서 사람의 마음을 어둡게 할 수도 있다. 부정적인 사회적, 경제적, 지정학적, 환경적 영향에 노출되면 정신 건강 문제가 발생할 위험이 높아질 수 있는데(WHO: World Health Organization 2022), 핀란드에 거주하는 많은 사람들이 겨울에 우울증을 앓고 있다. 하지만 나의 생각에는 날씨가 핀란드의 정신 건강 문제의 분명한 원인은 아니라고 생각한다. 그러나 취업 스트레스, 코로나 팬데믹, 기후 변화 및 다양한 정치적 위기는 학생들의 마음을 무겁게 할 수 있다. 미래에 대한 걱정은 불확실성을 증가시킬 수 있으며, 이는 결국 정신 건강 장애의 위험을 증가시킬 수 있다.

사실 핀란드 내의 정신 건강 장애의 발생 수가 다른 나라와 비교해 상대적으로 많지는 않지만, 그럼에도 불구하고 최근 몇 년 사이 정신 건강 문제에 대한 공개 논의가 핀란드에서 증가하면서 이 문제에 대한 경각심이 높아졌다. 공개 논의는 정신 질환에 대한 부정적 인식을 지양하여 사람들이 숨어서 고심하지 않고 도움을 요청할 가능성을 높인다. 그 예로, 핀란드에서 우울증은 가장 흔한 정신 건강 장애이기 때문에 매우 개방적으로 대처한다. 거의 10명 중 1명의 성인이 우울증을 앓고 있다(Markkula et al., 2015). 환자들의 치료는 진료 기록을 남기는데, 이는 만연하는 정신 건강 문제을 대처하는 데 도움이 된다. 또한 이른 시기에 문제를 발견하고 진료를 받으면 초기 대응을 할 수 있어 질병이 악화되는 것을 방지할 수 있다. 정신 건강 문제에 대한 공개 논의는 초기에 치료 받을 가능성을 높여 주며, 이를 통해 정신 건강 문제의 2차 예방, 즉 질병이 더욱 악화되는 것을 예방할 수 있다.

핀란드의 많은 사람들이 정신 건강 문제로 고통받고 있지만, 그렇다고 해서 사람들이 전반적으로 삶의 질에 만족하지 않는다는 의미는 아니다. 2022년 세계보건기구 WHO의 보고에 의하면 정신 건강은 정신 질환의 부재 그 이상을 의미한다. 정신 건강에는 그 정의상 양호한 정신 건강, 일상 생활에 대처할 수 있는 개인 능력, 일을 하고 사회에 기여할 수 있는 능력이 포함된다. 핀란드는 우수한 사회 보장 제도 덕분에 정신 건강 문제로 인한 어려움을 극복하는 것이 가능하다. 원만한 생활 환경 또한 회복력을 높이는 데 기여하는 덕택에 불안 장애나 경미한 우울증을 앓고 있더라도 이는 직접적으로 업무 장애로 이어지지 않는다. 핀란드에서는 정신 건강 문제의 3차 예방을 실천하고 있으며, 이는 업무 능력 및 맡은 바 역할의 회복과 유지를 목표로 한다. 정신 건강 장애로 인해 일상 생활을 하기 힘들 수는 있겠으나 그 결과 불행해지는 것은 아니다.

내 생각에는 사람들 사이의 돈독한 신뢰와 공동체 의식이 국민들 사이에서 행복감을 각별하게 유지한다고 생각한다. 핀란드는 일반적으로 안전한 나라이고 부정부패가 적기 때문에 사람들 사이에 신용이 형성되어 있다고 할 수 있다. 안전한 공동체는 정신 건강 장애로 고통받는 사람들을 위한 안전망 역할을 한다. 정신 건강 문제에 대한 사람들의 개방적인 태도란 가까운 사람이 정신 건강 장애를 앓고 있을 때 비판하기보다 지원할 줄 아는 자세를 의미한다. 특히 우울증은 핀란드에서 매우 흔하기 때문에 필요한 경우 '동료 지원'을 받기가 쉽다. 핀란드에는 정신 건강 문제로 어려움을 겪고 있는 사람들을 위한 다양한 동료 지원 단체도 있다.

핀란드는 문화적으로 일상적인 대화에서 다른 사람의 웰빙에 관심을 보이는 것이 분명하다. 핀란드인들이 즉각적인 행동으로 드러내지는 않더라도 타인을 진심으로 배려하는 것 같다. 핀란드에는 낯선 사람과 가볍게 대화를 나누는 문화가 없기 때문에 다른 나라 사람들에 비해 내성적으로 보일 수 있다. 하지만 정직하기 때문에 진정한 대화가 가능하다. 핀란드인들이 대화를 시작할 때 자주 묻는 인사말인 "Mitä kuuluu?(어떻게 지내세요?)"는 배려심을 전달하는 표현으로 질문을 하는 사람은 질문을 받는 사람이 어떻게 지내고 있는지, 즉 모든 것이 상대방의 삶 속에서 원만한지 진심으로 알고 싶어하는 마음을 전달한다. 이 문구는 형식적인 인사라기보다 상대방의 근황에 대한 관심과 배려를 나타내는 방식이다. 나는 "How are you?"라는 영미권 인사에 비해 핀란드어로 물어보는 "Mitä kuuluu?"의 어조에 상대를 향한 배려심이 더 실려 있다고 느낀다. 인사말을 먼저 하는 사람은 그 인사에 답하는 상대가 자신의 답변에 대한 솔직한 이유를 제공해 줄 것으로 기대한다. 예를 들어, 그 사람이 정말 기분이 좋으면 보통 긍정적인 감정의 이유도 함께 제공한다. 이렇듯 사람들 간의 개방적이고 꾸밈없는 대화는 신뢰와 안정감을 높여 정신적 행복을 도모한다.

핀란드는 세계에서 가장 행복한 나라이지만, '행복하다'라는 단어 대신 '만족한다'라는 단어가 핀란드 국민의 마음을 더 잘 표현하는 것 같다. 핀란드인들이 지속적으로 행복하지는 않더라도 대부분 자신의 생활 조건에 만족하고 있다. 핀란드의 많은 사람들이 정신 건강 문제로 고통받고 있지만 일반적으로 여전히 국가가 보장하는 안전을 확신한다. 이는 안정적인 의료 서비스, 무상교육, 정부에 대한 신뢰 등을 바탕으로 한다. 부정부패가 거의 없고 서로에 대한 신뢰와 신용을 기반으로 하는 사회 분위기도 한몫을 한다. 안전한 환경은 정신 건강 문제를 예방하고 회복을 촉진한다. 핀란드는 정신 건강 문제로 고통받는 사람들이 필요한 혜택을 받을 수 있는 훌륭한 나라이다. 핀란드에서는 모두가 가치 있는 인격체로 여겨지며 양질의 보살핌과 안전을 누릴 자격이 있는 개인이기 때문이다.

참고 자료

Linnanranta, O.(2022). Selvitys psykiatristen sairaalapaikkojen määrästä. Research Summary 6/2022. Finnish Institute for Health and Welfare.

Markkula, N., Suvisaari, J., Saarni, S. I., Pirkola, S., Peña, S., Saarni, S., Ahola, K., Mattila, A. K., Viertiö, S., Strehle, J., Koskinen, S., & Härkänen, T.(2015). Prevalence and correlates of major depressive disorder and dysthymia in an eleven-year follow-up – Results from the Finnish Health 2011 survey. Journal of Affective Disorders.

Mielenterveyden edistämisen taloudelliset vaikutukset – Nuorten miesten syrjäytymistä ehkäisevän Aikalisä-tukipalvelun arviointi.(2016). University of Vaasa.

Mielenterveystalo.(2025). Mielenterveystalo.fi website. Accessed on January 12, 2025. Available at: www.mielenterveystalo.fi

MIELI Mental Health Finland.(2025). MIELI ry website. Accessed on January 11, 2025. Available at: www.mieli.fi

Parikka, S., Holm, N., Ikonen, J., Koskela, T., Kilpeläinen, H., & Lundqvist, A.(2021). Key Findings of the KOTT 2021 Survey. Online publication: www.terveytemme.fi/kott

World Health Organization(WHO).(2022). Mental Health: Strengthening Mental Health Promotion. Factsheet No. 220. Available at: http://www.who.int/mediacentre/factsheets/fs220/en/

■ 행복한 학생

이름	**Olli Kokki**
고향	Ulvila
출생년도	2003년
입학년도	2023년
전공/부전공	한국어 / 커뮤니케이션

내 고향은 핀란드 서해안 지역에 있는 울빌라(Ulvila)라는 작은 마을이다. 이 글을 통해 핀란드의 교육 제도를 간단히 소개하고, 내가 1학년부터 9학년까지 경험한 학교 생활을 공유하고자 한다. 사진은 이웃집에 사는 12살된 고양이와 함께 찍은 것이다.

■ 나의 학교 생활

이름	**Amanda Nduwuaku**
고향	Helsinki
출생년도	1999년
입학년도	2021년
전공/부전공	언어학 / 한국어

핀란드의 학교 시스템이 전 세계적으로 꽤 유명하기 때문에 어떻게 작동하는지 이미 들어 봤으리라 짐작한다. 하지만 학교가 운영되는 시스템이 아닌 학생 개인의 학교 생활은 어떨까? 학업 외에 평범한 핀란드 학생의 학교 생활에는 무엇이 포함되어 있을까? 나는 학교 생활에 즐거움을 더

해 주고 공부와 균형을 잘 유지하는 데 중요한 부분이 된 나의 경험에 대해 다루려고 한다. 내 글은 핀란드의 수도 헬싱키 한가운데 살면서 초중고등학교 1학년부터 12학년까지 체험했던 학교 생활의 일부이다. 사는 도시, 다니는 학교, 그리고 사귀는 친구 등이 학생의 삶에 모두 영향을 미칠 수 있으므로 나만의 체험으로 핀란드 학교 생활 전체를 일반화할 수 없다는 점에 유의하기 바란다.

■ 핀란드의 대학 생활

이름	Aava Manninen
고향	Oulu
출생년도	2002년
입학년도	2022년
전공/부전공	한국어 / 한국학 & 미디어학

2024년 가을 학기를 고려대학교에서 교환 학생으로 공부한 경험이 있다. 지금은 학사 학위 논문을 쓸 기대에 차있다. 졸업 후에는 석사 학위로 바로 진학할 계획이다. 핀란드와 한국의 대학 문화를 모두 경험하면서 핀란드의 독특한 대학 문화를 한국에 소개하고 싶어서 이 글을 쓰게 되었다.

■ 핀란드의 교육 문화

이름	Johanna Mäkelä
고향	Espoo
출생년도	2001년
입학년도	2024년
전공/부전공	한국어 / --

나는 헬싱키에서 태어나서 자랐고 현재 23살이다. 헬싱키 대학교 2학년에 재학 중이며 한국어를 전공하고 있다. 고등학교 시절 한국에서 교환

학생으로 1년을 지냈다. 따라서 한국과 핀란드의 고등학교 학업 분위기가 어떻게 다른지 엿볼 수 있었다. 이제 대학생이 되어 다시 한국에 교환학생으로 가려고 준비 중에 있다.

■ 삶을 배우는 유아교육

이름	Johanna Sommers-Piiroinen
고향	Tampere
출생년도	1968년
입학년도	2024년
전공/부전공	한국어 / --

나는 2024년 가을 학기에 헬싱키 대학교에 입학한 한국어 전공 학생이다. 교육학과에서도 다양한 교직 종사자들을 위한 디지털 교육학을 수강하고 있다. 유아교육 분야에서 수년간 일해 왔으며 지난 20년 동안 미디어 교육과 디지털 교육 전문강사로 활동해온 경험이 있다.

일찍이 학업과 직장 모두 다른 진로를 선택했지만, 항상 외국어 공부하는 것을 좋아했다. 학교에서는 영어와 스웨덴어뿐만 아니라 라틴어와 프랑스어도 배웠다. 5년 전 처음으로 한국어와 한국 문화를 접하게 되었다. 한국어에 완전히 매료되어서 이 흥미로운 언어를 제대로 배우고 이해하고 싶었다. 처음에는 독학으로 한국어를 공부했고, 그 다음에는 여러 온라인 강좌를 수강했다. 배울수록 더 많은 것을 배우고 싶었다. 이렇게 나는 어린 청년 학생들 사이에서 다시 공부하는 대학생이 되었다.

■ 행복한 나라의 출산율

이름	**Noora Alanko**
고향	Hämeenlinna
출생년도	2002년
입학년도	2021년
전공/부전공	한국어 / 독일어

수년 동안 출산율이 전 세계적으로 화제가 되고 있는 듯하다. 나는 2024년 봄 학기를 서울대학교에서 교환학생으로 지냈는데, 그때도 이 문제에 주목하고 있었다. 핀란드에는 핀란드에서 태어나는 것이 복권에 당첨된 것과 같다(On lottovoitto syntyä Suomeen.)라는 속담이 있다. 그래서 핀란드의 최근 출산율과 정부가 그 속담을 지키려고 추진하는 정책에 대한 장단점을 소개하고자 한다.

■ 개인 공간

이름	**Alisa Matikainen**
고향	Hyvinkää
출생년도	2000년
입학년도	2021년
전공/부전공	언어학 / 한국어

나는 2021년 대학교에 입학하면서 헬싱키로 이사했다. 그 전에는 인구 45,000명 정도의 작은 마을인 휘빙까(Hyvinkää)에서 살았다. 휘빙까는 헬싱키에서 약 50킬로미터 정도 떨어져 있기 때문에 도시를 직접 경험한 것은 헬싱키로 이사한 후이다. 핀란드 이곳저곳도 여행해 봤다. 그리고 우리 가족은 한때 핀란드 중부의 시골 지역에 여름 별장이 있었다. 아직 한국을 방문한 적은 없지만 언젠가 가 보는 것이 나의 꿈이다.

■ 늘 자연과 함께

이름	**Ella Pohjoismäki**
고향	Jämsä
출생년도	2002년
입학년도	2021년
전공/부전공	영어 / 한국어

나는 영어 전공생인데 한국어 필수 과목도 모두 수강했다. 교사 양성 과정에서 교직 수업도 수강하고 있어서 졸업 후 영어 교사로 일할 수 있는 자격을 갖추게 된다. 나는 16살 때 친구가 소개해 준 BTS 노래를 따라 부르고 싶어서 처음 한글을 배웠다. 그로부터 6년이 지난 지금은 한국어 실력이 향상된 덕분에 더 이상 번역이나 자막이 필요 없게 되면서 내가 접하는 한국 미디어의 범위가 넓어졌다.

■ 사우나

이름	**Ennamari Pihlaja**
고향	Pudasjärvi
출생년도	2004년
입학년도	2024년
전공/부전공	영어 / 한국어

나는 핀란드 북부의 뿌다스야르비(Pudasjärvi)라는 작은 마을 출신으로 그곳에서 인생의 첫 20년을 살았다. 지난 가을 헬싱키로 이주하여 전공으로 영어, 그리고 부전공으로 한국어를 헬싱키 대학교에서 공부하고 있다. 사우나를 소재로 한 나의 글은 인터넷 사이트를 참고하여 작성하였다.

■ 핀란드의 스웨덴어

이름	**Nea Hirsimäki**
고향	Espoo
출생년도	2004년
입학년도	2024년
전공/부전공	한국어 / --

나는 핀란드인이지만 나의 모국어는 핀란드어가 아니라 스웨덴어이다. 즉 스웨덴어를 사용하는 핀란드인이다. 나는 초중고등학교 과정을 스웨덴어로 교육을 받았고, 현재 대학교에서는 핀란드어와 영어로 공부하고 있다.

■ 핀란드의 각종 기념일과 음식

이름	**Saana Laukka**
고향	Kempele
출생년도	1998년
입학년도	2024년
전공/부전공	영어 / 한국어

나는 원래 핀란드 북부에 위치한 껨뻴레(Kempele)라는 마을 출신이지만 헬싱키에서 7년째 살고 있다. 언어와 다양한 문화에 관심이 많다. 나는 영화와 텔레비전 드라마를 보고, 음악을 듣고, 춤을 추고, 친구들과 어울리는 것을 좋아한다. 책은 어떤 장르든 상관없이 모두 좋아한다. 이 책에 실린 나의 글은 InfoFinland(2025) 웹사이트에 '핀란드의 경축일(Suomalaiset juhlapäivät)'이란 제목으로 올려진 내용을 보충하여 완성한 것이다.

■ 1917년 독립, 그리고 애국심

- 이름 **Melissa Kangasniemi**
- 고향 Helsinki
- 출생년도 1997년
- 입학년도 2024년
- 전공/부전공 영어 / 한국어

나는 미술, 언어, 심리학에 관심이 많다. 그리고 나중에 한국에서 유학하고 싶다. 대학교에 입학하기 전에는 창의적인 프로젝트를 독립적으로 추진했었고, 앞으로 어떤 길을 가든 창의력을 발휘하고 싶다.
나는 핀란드 역사의 일부를 간략하게 소개하고, 내 가족에 대한 이야기를 나누려고 한다.

■ 행복이라기보다는 만족

- 이름 **Heljä Hänninen**
- 고향 Turku
- 출생년도 2002년
- 입학년도 2022년
- 전공/부전공 한국어 / --

나는 핀란드에서 태어나서 자랐다. 한국에 몇 번 가서 여행도 하고 한국어 어학 과정도 수강했다. 한국어는 내 인생에서 가장 큰 열정 중 하나이지만, 심리학과 정신 건강도 나의 큰 관심사다.

세계 행복 보고서 8년 연속 1위의 나라 핀란드, 이곳의 수도에 위치한 헬싱키 대학교 학부 과정에서 최근 한국어를 수강한 재학생들의 글을 'Happy 핀란드'라는 제목으로 모아 보았다. 세계 행복 보고서에서 다루는 행복 지수 조사 항목과 일맥상통하는 부분이 있는지 그 여부는 모르겠으나 이 책에 실린 13개의 글은 핀란드가 왜 행복한 나라인지 나름의 답을 해주고 있다. 글을 작성한 학생들은 모두 핀란드에서 태어나 자랐다. 따라서 순전한 핀란드인의 시각에서 쓴 글이다. 반면에 이 책을 기획하고 편집한 본인은 늘 외부인의 관점에서 핀란드를 바라볼 수밖에 없었다. 하지만 본 프로젝트 덕에 이제 이 학생들의 눈을 통해 핀란드의 이면을 접하게 된 느낌이다.

각 글의 주제는 학생 스스로 정했다. 교육에 관한 글이 압도적으로 다수를 차지하는 것을 보면 핀란드의 높은 학업성취도에 대한 자부심이 대단한 듯하다. 하지만 이 자부심은 경쟁이 지배하는 교육열의 산물인 고득점에 대한 것이 아니다. 쾌적하고 민주적인 학교 생활, 친구들과 향유하는 수업 외 행사 및 방과후 활동, 단순 지식 습득이 아닌 체험 학습 등 학생들의 자율

성과 예체능 활동을 중시하는 핀란드의 교육 풍토에서 학업성취도가 높다는 자부심일 것이다. 이곳에서 가르친 햇수가 25년차에 접어들었지만 학업의 스트레스로 인해 누군가 잘못된 선택을 했다는 말은 전혀 들어보지 못했다. 핀란드는 오히려 학교에서 배우는 즐거움을 통해 스트레스를 해소하지 않을까 하는 확신까지 든다. 아무튼 행복한 학창 생활은 행복한 시민을 양성하는 데 지대한 기여를 할 것이다.

최근 핀란드의 교육이 유명세를 타고 있지만 그 밖에도 핀란드와 함께 떠오르는 것들이 적지 않다. 사우나, 자연과 함께하는 일상, 일상화 된 거리 두기, 우울증 등이 그러하다. 그래서인지 이 모두 이 책에서 다뤄지고 있다.

사우나는 핀란드의 문화 중심에 있다 해도 과언이 아닐 것이다. 사우나가 없는 주택이나 건물이 없을 정도이고 모든 사교활동에 사우나가 포함되는 것이 일반적이다. 사우나는 혹독하게 추운 기후를 이겨내는 수단 이상의 의미가 있다. 핀란드의 사우나는 목욕탕에 남탕과 여탕이 따로 있듯 남녀가 따로 사용한다. 한 장소를 이용하게 될 경우 보통 여자들이 먼저 사우나를 마친 후 남자들이 나중에 이용한다. 사우나에서는 목욕탕처럼 옷을 입지 않는다. 간혹 수영복을 착용하는 외국인들이 있지만 위생적이지 않은 것으로 여겨진다. 그렇다면 사우나를 어떤 이들이 같이 하는지 대충 가늠이 될 것이다. 하지만 직장 모임에서 처음 보는 동료와 사우나를 하는 경우도 매우 흔하기 때문에 각별히 가까운 사이라기보다 좀 더 솔직하게 대화하고 싶은 사이라고 보는 게 맞을지도 모르겠다. 이렇게 숨김없이 사우나에서 옷을 벗고 대화를 나누는 진솔함은 그 사회의 행복 지수와 무관하지 않을 것이다.

이렇게 사우나에서 나누는 친밀감과 대조적으로 타인과 거리를 두는 습관 역시 핀란드인들의 행복 지수와 밀접한 관계가 있는 것처럼 보인다. 핀란드의 국토는 남한 면적의 약 세 배가량 된다. 그러나 인구 밀도는 1km^{2}당 한국 509.5명, 그리고 핀란드 18.4명이다. 인구 밀도가 지나치게 높은 곳 출신의 이방인이 보기에는 핀란드 사회가 때때로 고독해 보이지만 핀란드인들은 자신만의 공간과 시간을 몹시 중요하게 생각하고 타인의 공간과 시간도 똑같이 중요하게 배려한다. 그러나 이러한 거리감이 결코 무관심이나 냉정함을 의미하지는 않는다. 누구든 도움을 요청하면 매우 친절하게, 때로는 헌신적으로 도움을 베풀어 주기도 한다. 어쩌면 이런 도움이 가능한 것이 공간적 시간적 여유가 있기 때문이라는 생각이 든다.

어느 문화에서든지 스트레스를 해소하는 방법 중 하나가 자연을 가까이 하는 것이다. 사람들은 주중에 지치도록 일을 하고도 주말에 교외로 나가 등산을 하거나 물가로 나가 바람 쐬는 것을 마다하지 않는다. 그런데 핀란드는 큰 도시에서조차 굳이 자연의 품을 찾아 나설 필요가 없다. 어디든 산책을 나갈 수 있는 거리에 숲이 있고 호수의 나라답게 고요한 물가가 있다. 자연은 핀란드인들의 삶에 아주 자연스런 일부이다. 그러나 이에 더 나아가 일상을 벗어나 인적이 없는 한적한 곳에서 휴식을 취하기 위해 작은 별장을 소유하고 있는 가정도 많다. 이런 별장은 대부분 숲속 호숫가의 사우나가 딸린 외딴 오두막 형태이다. 그야말로 온전히 자연으로부터 재충전을 받을 수 있는 곳이다.

이처럼 자연이 주는 에너지를 늘 공급 받으며 생활할 수 있는 환경이라면 마음의 병이 없어야 할 것 같다. 그러나 아이러니하게도 핀란드 도착과 함께 우울증이라는 말을 처음 들어봤다. 핀란드에서는 누구나 어느 정도 앓고 있는 증상인 듯 주변의 많은 사람들이 우울증의 원인과 극복하는 방법을 말해 주었다. 특히 11월은 '죽음의 달'이라고 불리울 정도로 1년 중 가장 힘든 시기로 인식되고 있다. 밤이 급격히 길어지고 날씨조차 우중충한 탓이라고들 했다. 날씨가 마음의 상태를 장기적으로 좌지우지할 수 있다는 건 이전에 미처 생각해 보지 못한 바였다. 이를 극복하려면 운동을 규칙적으로 하는 것이 중요하다는 조언을 끊임없이 들었다. 그러니 어린이집의 놀이나 학교 쉬는 시간 등 뛰어노는 것을 중요시하는 풍토가 육체적 활동을 통해 마음을 단련하는 방편일지도 모르겠다. 그리고 전국 어느 대학교든 완벽한 피트니스클럽 형태의 운동시설에 더하여 에어로빅이나 필라테스 등과 같은 코스를 매우 저렴하게 제공하는 것은 미래를 이끌어갈 세대의 심신건강을 매우 중시하고 있음을 시사한다. 우울증이 생전 처음 들어볼 때와 달리 이제는 핀란드에

만 유독 만연하는 것은 아니다. 한편 핀란드의 우울증이 주로 계절의 변화나 기후에 기인하는 것이라면 지리적으로 다른 곳은 사회경제적 요인이 더 크게 작용하는 것으로 짐작된다. 그 원인이 무엇이든 핀란드는 정신건강센터(Mieliterveystalo) 등의 활약으로 각종 마음의 병을 슬기롭게 대처하고 있는 것으로 보인다.

이 책에 실린 학생들의 글을 통해 핀란드가 왜 행복지수가 높은지 새롭게 발견한 측면도 있다. 그중 하나로 우선 핀란드의 독립을 꼽을 수 있겠다. 핀란드는 700여 년간의 스웨덴 지배, 그후 100여 년의 러시아 지배 하에 있다가 1917년 독립하였다. 이처럼 수백 년 동안 지배를 받다가 독립을 맞은 핀란드는 국경일 중 독립기념일을 가장 성대하게 기념한다. 비록 가가호호 국기를 게양하지는 않지만, 이는 개개 시민들의 마음가짐도 마찬가지이다. 생중계하는 대통령궁의 독립기념일 리셉션은 세대를 불문하고 애청하는 프로그램이다. 매년 텔레비전으로 상영하는 '무명의 병사들'이라는 영화는 중년을 넘긴 세대 중에 더러 꼬박꼬박 챙겨 보는 이들이 있다. 아마도 근현대사를 지나며 여러 전쟁으로 인해 독립을 위협받은 역사를 잊지 않기 위함도 있겠으나 영화의 제목이 말해 주듯 나라를 위해 싸운 이름 모를 병사들을 기억하고 경의를 표하고 싶은 마음이 더 크지 않을까 싶다. 애국심, 노골적으로 표현하지는 않지만 핀란드 어디에서나 느낄 수 정서이다.

한편, 스웨덴의 지배는 글을 통한 모든 지적 활동의 수단이 스웨덴어였음을 의미하기도 했다. 하지만 스웨덴어 사용은 문자가 없는 핀란드 지식층들에게 지극히 자연스러운 것이었고 강요된 것이 아니었다. 16세기에 성경 번역을 위해 핀란드어 알파벳이 탄생되었으나 21세기에 이르는 현재까지도 스웨덴어는 사용인구의 숫자만 줄었을 뿐 그 위치가 견고하다. 의무적인 스웨덴어 교육에 대한 논쟁도 있지만 분명한 것은 지역에 따라 차이는 있을지언정 스웨덴어만로도 모든 생활이 가능하다는 것이다. 핀란드 내 스웨덴어 사용자들의 행복지수가 다소 더 높고 수명도 더 긴 것은 자신들만의 연대감 때문일 수도 있지만 존중받는 소수집단이라는 자존감에 기인할 가능성도 다분하다.

이제 세계 1위의 행복한 나라 핀란드의 국교를 언급하지 않을 수 없다. 개신교의 한 교파인 루터교는 스웨덴으로부터 건너왔다. 그리고 핀란드의 명절이 교회력과 깊이 연관되어 있듯 문화의 근간이 되었다. 전국 곳곳에 마을 이름의 국교회가 있다. 아기가 태어나면 유아 세례를 받고 청소년이 되면 입교식을 한다. 전통을 따르고자 하는 이들은 교회에서 결혼식을 하고 장례식도 교회의 의식을 따라 한다. 평소에 신앙생활을 하지 않더라도 크리스마스나 부활절에 교회를 찾는 자들이 적지 않다. 이미 수십 년 전이 되기는 했지만 과거에는 학교에서 성경을 가르치기도 했다. 성경의 가르침을 바탕으로 하는 문화적 영향인지는 알 수 없으나 핀란드 사회는 대체적으로 청렴하고 신뢰할 만하다. 지금까지 금전으로 야기되는 부정부패를 들어본 적이 없고 국민들의 공공기관에 대한 신뢰도는 절대적이다.

문화와 시대를 막론하고 명절에는 가족들이 모이는 게 당연지사겠지만 이 외의 핀란드 기념일들도 가족을 챙기거나 친구들과 각별한 시간을 갖는 등 인간관계가 중시되고 있는 듯하다. 그리고 각종 기념일을 특징짓는 음식을 먹는 즐거움도 함께 한다.

한편, 이 책의 한 부분을 차지하고 있는 핀란드의 출산율이 행복 지수와 어떤 상관관계가 있을까? 행복한 만큼 출산율도 높아야 할 것 같지만 핀란드도 인구감소의 위기를 직면하고 있다. 구직의 고충, 그리고 미래의 안정적 삶을 우선 확보하려는 태도 때문에 결혼과 출산이 늦어지므로 출산율이 저조하다고 털어놓는 솔직담백한 말에 공감하는 청년들이 다수일 것으로 추측한다. 결국 세계에서 가장 행복한 나라에서도 공간을 뛰어넘어 같은 연령 때에 같은 고민을 하고 있는 것이다. 그럼에도 불구하고 출산율을 소재로 삼은 학생은 "핀란드에서 태어나는 것은 복권에 당첨되는 것과 같다."는 속담으로 자신의 글을 시작하고, 핀란드를 아이들 키우기에 꽤 좋은 곳이라고 추천하면서 글을 마무리하고 있다.

이 책을 기획하고 편집하는 동안 친구와 동료 등 현지인들을 만날 때마다 핀란드가 왜 세계에서 가장 행복한 나라인지 물어보았다. 놀랍게도 대답은 한결같았는데 행복하다기보다 만족한다는 표현이 옳다라고 말했다. 그리고 그들도 현재의 삶에 만족한다고 했다. 결국 행복은 외부에서 주어지는 것이 아니라 자신이 직면한 현실을 어떻게 바라보느냐에 달려 있는 듯하다. 하지만 현실을 바라보는 관점의 차이는 교육을 통해 형성될 수 있고 그 교육은 역사를 통해 흐르는 그 사회의 문화를 반영하는 것이 아닐까 숙고해 본다.

본 도서 프로젝트는, 인공지능 시대를 맞아 한국어 교육의 변화에 대응하기 위해 기계번역의 효율성을 가늠해 보려고 시작했다. 기계번역을 위한 글의 주제는 세계에서 가장 행복한 나라 핀란드였다. 주제가 뭐가 됐든 핀란드어 또는 영어로 쓰인 13개 글의 기계번역으로 미래의 한국어 교육을 예견한다는 것은 어불성설일 것이다. 그러나 이 과정을 통해 미래를 이끌어갈 세대가 생각하는 핀란드를 엿볼 수 있었고 그동안 스스로 궁금해하던 의문에 대한 답을 얻은 듯하여 뿌듯한 마음으로 프로젝트를 마감한다.